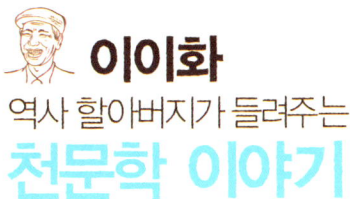

파랑새 풍속 여행·5

이이화
역사 할아버지가 들려주는
천문학 이야기

이이화 원작 | 박시화 글 | 곽재연 그림

1판 1쇄 발행 2011년 8월 22일 **1판 4쇄 발행** 2015년 7월 1일 **만든이** 정중모 **만든곳** 파랑새
사진 강화 군청, 경주 시청 문화관광과, 고려대학교 박물관, 국립 고궁 박물관, 기상청, 김은수, 김응렬, 한국 조폐 공사
등록 1988년 1월 21일(제406-2000-000202호) **주소** 경기도 파주시 회동길 121 **전화** 031-955-0670 **팩스** 031-955-0661~2
홈페이지 www.bbchild.co.kr **메일** bbchild@yolimwon.com **ISBN** 978-89-6155-285-1 74380, 978-89-6155-220-2(세트)

ⓒ이이화 2011

* 책값은 뒤표지에 있습니다. * 저자와의 협의에 의해 인지를 생략합니다.
* 저작자와 출판사의 허락 없이 이 책의 일부 또는 전체를 인용하거나 발췌하는 것을 금합니다.

이이화
역사 할아버지가 들려주는
천문학 이야기

이이화 원작 | 박시화 글 | 곽재연 그림

파랑새

 머리말 | 어린이에게 보내는 편지

해와 달과 별의 움직임을 관찰했어요

이이화(역사학자)

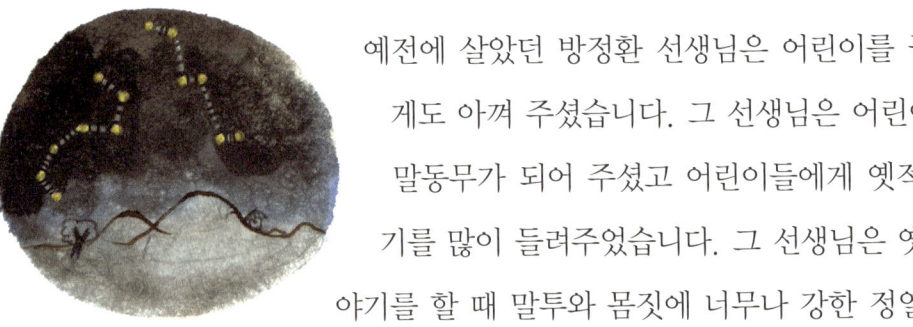

예전에 살았던 방정환 선생님은 어린이를 끔찍하게도 아껴 주셨습니다. 그 선생님은 어린이들의 말동무가 되어 주셨고 어린이들에게 옛적 이야기를 많이 들려주었습니다. 그 선생님은 옛적 이야기를 할 때 말투와 몸짓에 너무나 강한 정열을 담아 어린이들이 때로는 까르르 웃고 때로는 슬퍼서 울었다고 합니다.

어린이는 마음이 순수하고 자주 감동하며 또 동정심도 많습니다. 그래서 남의 얘기를 곧이곧대로 믿고 받아들입니다. 또 장난꾸러기가 되어 말썽을 부리거나 동무들을 놀리기 좋아하고 호기심이 많아 무슨 물건이든지 보면, 이모저모로 따져 보려 듭니다.

이 책을 지은 할아버지도 방정환 선생님을 본받아 어린이를 아끼고 귀여워하는 마음씨를 가지고 있어요. 또 어릴 때 여러 어린이들처럼 개구쟁이 짓도 많이 했으며 옛날이야기도 듣기 좋아했습니다. 지금 할아버지가 되었어도 그

때 어른에게서 들은 얘기들을 잊지 않고 있습니다. 지금도 그 시절이 그립습니다.

이 책에는 우리나라 천문학에 관련된 이야기를 담았어요. 옛사람들은 하늘에서 뜨고 지는 해와 달, 그리고 별들이 신기하기도 하고 궁금하기도 했답니다. 그래서 해와 달이 왜 매일 뜨고 지는지, 또 밤하늘에 빛나는 수많은 별의 위치가 왜 자꾸 바뀌는지를 궁금해했어요. 하늘에서 벌어지는 일식이나 월식 역시 인간의 삶과 어떤 연관이 있는지도 연구했지요.

세종 대왕을 비롯해 우리나라 천문 과학자들은 천체를 관측하는 기구를 발명하기도 하고 해와 달의 움직임을 이용하여 시계를 발명하기도 했습니다. 또한 우리나라만의 독창적인 천체 기구를 발명해 백성들이 조금이라도 편하게 살기를 바라며 나라 곳곳에 설치해 두었답니다. 바람과 홍수 등 재해를 대비하고 농사를 짓는 데에 유용한 기구들도 만들었지요.

재미있는 그림과 함께 우리 조상들이 얼마나 천문학에 뛰어났는지 알아보면서 천문학에 대한 기초 지식도 차곡차곡 쌓아 보세요.

어린이는 미래의 희망이요 나라의 보배이니 열심히 읽고 마음과 몸이 모두 건강하게 자라세요.

임진강 가의 헤이리에서
이 책을 지은 할아버지가 씁니다.

 차례

첫째 마당 하늘은 둥글고 땅은 네모지고
해가 뜨는 걸까 지구가 도는 걸까? 10   둥근 하늘에 해와 달과 별이 움직인다 12
하늘은 삿갓 모양일까 달걀 모양일까? 13   하늘과 땅의 모양을 본떠 물건을 만들다 14
불 끄고 듣는 이야기_하늘과 땅이 만들어진 이야기 16

둘째 마당 옛날 사람들은 시간을 어떻게 알았을까?
1,300년 전의 해시계와 물시계 20   스물여덟 번 종을 치면 문 닫아라 21
닭이 울면 일어나고 해가 지면 자고 24   불편하구나, 자동 시계를 만들어라 26
불 끄고 듣는 이야기_고달픈 관상감의 벼슬아치 28

셋째 마당 자동으로 종을 울리는 물시계
백제와 신라의 항아리 물시계 32   조선 시대의 자동 물시계 33
물시계 자격루는 어떻게 움직일까? 35   **불 끄고 듣는 이야기**_십이지와 옛날의 시간 38

넷째 마당 솥단지 해시계 앙부일구
인류 최초의 시계는 해시계 42   평평한 해시계 44
솥단지 모양의 해시계 앙부일구 45   앙부일구는 왜 솥단지 모양일까? 46
불 끄고 듣는 이야기_시계를 잘못 보면 벌을 받는다고? 48

다섯째 마당 우주를 보여 주는 혼천의
해와 달과 별의 움직임 52   천문 관측 기계 혼천의 54
자동으로 시간을 알려 주는 혼천시계 56   **불 끄고 듣는 이야기**_지구가 도는 거라고? 58

여섯째 마당 농사를 잘 짓게 해 주는 이십사절기
정교한 시계가 필요했던 이유 62   이십사절기는 양력 63   동지와 하지가 생기는 원리 64
절기의 이름과 뜻 65   **불 끄고 듣는 이야기**_가장 추운 날은 동짓날일까? 68

일곱째 마당 달력은 하늘의 과학 책

정확한 날짜를 아는 것은 너무 어려워 72   날짜가 우리와 다르니 다시 만들라 74
일곱 개의 별을 기준으로 한 《칠정산 내편》 76   요일은 언제 생겼을까? 78
불 끄고 듣는 이야기_《칠정산 내편》에 담긴 열두 달 80

여덟째 마당 날씨를 관측하는 기계

무릎이 쑤시니 빨래 걷어라 84   비의 양을 재는 측우기 85
강물의 높이를 재는 수표 87   바람을 관찰하는 풍기죽 89
불 끄고 듣는 이야기_날씨와 관련한 우리 속담들 90

아홉째 마당 하늘을 관찰하는 천문대

하늘의 뜻을 받드는 신성한 곳 94   단군왕검이 하늘 제사를 지낸 참성단 96
신라 선덕왕이 만든 첨성대 97   개성 첨성대와 조선 시대의 관천대 99
불 끄고 듣는 이야기_임금님도 놀란 별 박사 할머니 100

열째 마당 우리 별자리 이야기

고인돌에 새겨진 별자리 104   하늘 나라 임금님이 사는 자미궁 106
돌에 새긴 별자리, 천상열차분야지도 108   **불 끄고 듣는 이야기**_해를 지켜 주는 별 삼태성 이야기 110

열한째 마당 일식과 월식

연오랑과 세오녀 전설 114   해와 달을 누군가 먹어 버렸다 116   징과 북을 쳐서 해와 달을 구하라 118
일식과 월식을 모두 기록하다 120   **불 끄고 듣는 이야기**_해와 달을 삼킨 불개 122

열두째 마당 상상 속의 하늘 세계

하늘이시여 하늘이시여 126   고구려의 삼오오는 태양새 128   달에게 바치는 초사흘 떡 130
아기를 점지해 주는 삼신할머니 별 132   **불 끄고 듣는 이야기**_해를 쏜 예와 두꺼비가 된 항아 134

첫째 마당

하늘은 둥글고 땅은 네모지고

해가 뜨는 걸까 지구가 도는 걸까?	10
둥근 하늘에 해와 달과 별이 움직인다	12
하늘은 삿갓 모양일까 달걀 모양일까?	13
하늘과 땅의 모양을 본떠 물건을 만들다	14
[불 끄고 듣는 이야기] 하늘과 땅이 만들어진 이야기	16

해가 뜨는 걸까 지구가 도는 걸까?

옛날에는 지금처럼 인공위성도 없고 천체 망원경도 없었어요. 당연히 우리가 살고 있는 지구는 우주 속에 있는 작은 행성에 불과하다는 것을 알 수 없었지요.

그럼 옛날 사람들은 하늘에서 해와 달이 뜨고 지는 일을 어떻게 생각했을까요?

옛날 사람들은 눈에 보이는 자연 현상을 있는 그대로 믿었어요. 옛날에도 변함없이 해는 아침에 동쪽에서 떠올랐어요. 그리고 서쪽으로 움직여 저녁에는 완전히 사라져 버렸죠. 해가 사라지고 캄캄해진 하늘에서는 북극성을 중심으로 별들이 움직였어요.

우리가 "해가 뜬다"라고 말하는 것도 이때 생긴 말이에요. 사람들이 직접 눈으로 보고 믿은 것이 말 속에 그대로 담기게 된 것이지요.

사실 둥근 지구가 하루에 한 번 스

스로 도는 '자전'을 해서 해가 보였다가 사라지는 것을, 옛날 사람들은 땅은 가만히 있는데 해가 동쪽에서 떠올랐다가 서쪽으로 사라진다고 믿은 거예요.

본디는 "지구가 반 바퀴 돌아 밤이 되었구나"라고 말해야 해요. 하지만 우리는 해가 뜨고, 달이 뜨고, 별이 뜬다고 말하죠. 모두 눈에 보이는 대로 믿고 말해 왔던 옛날 사람들의 경험 때문이랍니다.

둥근 하늘에 해와 달과 별이 움직인다

 옛날 사람들이 우주와 지구를 표현한 말 중에 '하늘은 움직이고 땅은 고요하다'라는 뜻의 '천동지정(天動地靜)'이라는 말이 있어요. 또 '천원지방(天圓地方)'이라는 말도 있는데, '하늘은 둥글고 땅은 네모지다'라는 뜻이지요.

 그러니까 옛날 사람들은 네모나고 평평한 땅은 움직이지 않고, 하늘은 둥글게 머리 위에 떠 있으며 그 안에서 해와 달과 별이 움직인다고 생각한 거예요. 이것을 하늘이 움직인다는 뜻으로 '천동설(天動說)'이라고 해요. 천동설은 우리가 사는 지구가 세상의 중심이라는 의미예요. 그래서 중심이 움직이면 안 되니까 땅은 가만히 있어야 한다고 생각한 것이지요.

하늘은 삿갓 모양일까 달걀 모양일까?

천동설을 믿었던 옛날 사람들은 하늘의 생김새를 놓고도 많은 생각을 했어요.

고대 중국에서는 하늘이 '삿갓 모양'이라고 생각했어요. 삿갓의 중심에 북극성이 있고 하늘은 삿갓 모양으로 땅을 덮고 있으며 해와 달과 별은 북극성을 중심으로 움직인다고 생각했지요. 이것을 '삿갓 같은 하늘이 땅을 덮고 있다'라는 뜻으로 '개천설(蓋天說)'이라고 해요.

또 하늘이 달걀처럼 생겼다고도 했어요. 달걀처럼 동그란 하늘 한가운데에 땅이 달걀 속 노른자처럼 떠 있다고 했죠. 이것을 '땅 위를 달걀 껍데기처럼 둘러싼 하늘이 끝없이 움직인다'는 뜻으로 '혼천설(渾天說)'이라고 해요. 훗날 세종 대왕 때 만든 천문 시계 혼천의는 혼천설을 기초로 해서 만든 것이랍니다.

하늘과 땅의 모양을 본떠 물건을 만들다

'하늘은 둥글고 땅은 네모지다'라는 옛날 사람들의 생각은 천문 시계뿐만 아니라 여러 가지 물건과 건축물에 고스란히 나타나 지금까지 전해지고 있어요.

그럼 어떤 것들이 있는지 알아볼까요?

경주에 있는 석굴암의 천장은 찻잔을 거꾸로 엎어 놓은 듯 둥글고 움푹한 모양이에요. 바로 둥그런 하늘을 나타낸 것이지요.

석굴암 내부의 천장 모습
신라 제35대 경덕왕 10년(751년)에 김대성이 축조를 시작해 제36대 혜공왕 10년(774년)에 완성되었어요. 국보 제24호로 지정되어 관리되고 있으며 1995년 12월 불국사와 함께 유네스코 세계 문화유산으로 등록되었어요.

첨성대는 네모난 받침대 위에 큰 돌을 호리병 모양으로 쌓아 올린 건축물이에요. 맨 위에는 두 겹의 '우물 정(井)' 자 모양의 네모난 틀을 올렸는데, 그 위에 여러 가지 천문 관측기구를 놓고 별을 관찰한 것으로 추측하고 있어요. 여기서 호리병 모양의 둥근 몸통은 하늘을, 그 위에 올린 네모난 틀은 땅을 의미하고 있어요.

또 조선 시대에 사용했던 상평통보라는 동전을 보면, 둥근 동전 가운데에 네모난 구멍이 뚫려 있어요. 이것도 둥근 하늘과 네모난 땅을 뜻하는 것이랍니다.

상평통보
조선 시대 제16대 인조 11년(1633년)부터 조선 후기까지 사용했던 엽전이에요.

첨성대
국보 제31호인 첨성대는 신라 제27대 여왕인 선덕왕 때 만들어진 것으로, 동양에서 현재 남아 있는 천문 관측대 가운데 가장 오래된 것이에요.

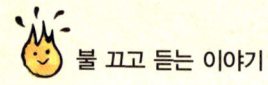 불 끄고 듣는 이야기

하늘과 땅이 만들어진 이야기

    옛날 사람들은 하늘과 땅이 처음에 어떻게 만들어졌는지 무척 궁금해했단다. 그래서 성경 책을 보면 처음 하늘과 땅이 만들어진 이야기가 나와 있어. 일본에도 부글부글 끓는 바닷물 속에서 땅이 만들어진 옛날이야기가 전해 오고 있지. 그럼 우리나라는 어떨까?

    지금까지 하늘과 땅이 만들어진 이야기가 자세하게 기록되어 있는 것은 없단다. 하지만 입에서 입으로 전해 내려온 설화나 노래 같은 것에는 그런 내용이 있지.

    옛날이야기 하나 들려줄게. 이 이야기는 함경도에 살던 무당 할머니들 사이에서 전해 오던 이야기란다. 잘 들어 보렴.

    "하늘과 땅이 생길 때에 미륵님이 탄생하니, 하늘과 땅이 서로 붙어 떨어지지 아니하여 하늘은 가마솥 뚜껑처럼 돋우고, 땅은 네 귀퉁이에 구리 기둥을 세웠다네. 그때는 해도 둘이요, 달도 둘이었으니, 그중에 달을 하나씩 떼어서 북두칠성과 남두칠성을 만들고, 해도 하나씩 떼어서 큰 별들과 작은 별들을 만들었다네. 작은 별들은 백성의 별로 삼고 큰 별들은 임금님과 신하들의 별로 삼았다네. 그런데 미륵님이 생각하시기를 '나 이렇게 탄생하였으니 물의 근본, 불의 근본도 만들어야겠다' 하시네.

미륵님 생쥐를 잡아다가 묻기를, '물의 근본, 불의 근본을 아느냐?' 생쥐가 대답하기를, '알려 드리면 무슨 상을 주시겠습니까?' 미륵님 말씀하시기를, '온 세상의 쌀뒤주를 주마' 그제야 생쥐가 대답하기를, '금정산에 들어가서 한 손에 차돌 들고 다른 손에 시우쇠 들고 탁탁 치니 불이 났습니다. 소하 산에 들어가니 샘물이 솔솔 나와 물의 근본이 되었습니다' 하더라." -〈창세가〉 중 일부

이 이야기를 과학적으로 증명할 수는 없단다. 오랜 옛날부터 사람들이 해와 달과 수많은 별을 보면서 상상한 이야기이지. 이렇게 자연을 관찰하고 여러 가지 상상을 하면서 옛날 사람들은 차츰 자연의 과학을 배워 나가기 시작했단다.

둘째 마당

옛날 사람들은 시간을 어떻게 알았을까?

1,300년 전의 해시계와 물시계	20
스물여덟 번 종을 치면 문 닫아라	21
닭이 울면 일어나고 해가 지면 자고	24
불편하구나, 자동 시계를 만들어라	26
[불 끄고 듣는 이야기] 고달픈 관상감의 벼슬아치	28

1,300년 전의 해시계와 물시계

"오후 1시에 만나자."

옛날 사람들은 약속 시간을 어떻게 지킬 수 있었을까요?

우리나라에는 아주 오래전부터 시계가 있었어요.

《삼국사기》를 보면 718년, 지금부터 1,300여 년 전 신라의 제33대 성덕왕 때 물시계인 '누각'을 만들었다고 기록되어 있어요. 신라의 서울이었던 경주에서는 그보다 100년쯤 더 오래된 해시계의 부서진 조각이 발견되기도 했지요. 비슷한 시기에 백제 사람들은 일본으로 건너가 물시계를 전해 주었다고도 해요. 하지만 지금까지 남아 있는 옛날 시계는 조선의 세종 대왕 때부터 만들어진 것이 대부분이에요.

이런 기록들로 봐서 우리나라 사람들이 자연을 관찰해서 시간을 측정한 것이 아주 오래전부터라는 걸 알 수 있답니다.

스물여덟 번 종을
치면 문 닫아라

해시계나 물시계가 있었다고 해도 옛날에는 집집이 시계를 가지고 있을 수 없었어요. 그럼 시간을 어떻게 알았을까요? 바로 정각이 되면 북이나 종을 울려 사람들에게 시간을 알렸어요.

조선 시대의 기본 법전인 《경국대전》에 시간을 알려 주는 이야기가 자세하게 나와 있어요.

"궁궐 문은 초저녁에 닫고 해 뜰 때 열며, 도성 문은 인정(人定)에 닫고 파루(罷漏)에 연다."

도성은 조선 시대의 서울이었던 한성을 둘러싸고 있는 성벽을 말해요. 성벽 출입문에 북이나 종을 달아 두고 문을 여닫는 시간을 알려 주었지요. 인정은 밤 10시예요. 밤 10시가 되면 임금님이 사는 궁궐의 보루각에서 종을 스물여덟 번 쳤어요. 동대문, 남대문 등 사대문을 지키는 군졸들이 그 종소리를 듣고 다시 종을 쳐서 도성 문을 닫을 시간이라는 것을 알려 주었지요. 도성 문이 닫힌 후에는 나가지도 들어오지도 못했어요.

순라군(밤에 궁중과 장안 안팎을 순찰하던 군졸)이 나무로 만든 딱딱이를 들고 "딱딱" 소리를 내며 순찰했거든요. 파루는 새벽 4시경이 되면 북을 서른세 번 쳐서 도성 문을 여는 시간임을 알리는 것을 말해요. 이 북소리를 듣고 사람들은 "이제 곧 날이 밝을 테니 얼른 일어나야지" 하며 하루를 시작했답니다.

정오에도 궁궐에서 북을 쳤어요. 이를 '오고(午鼓)'라고 해요. 북을 담당하는 군졸이 정오에 궁궐 중앙에 걸린 북을 치면 임금님을 비롯한 모든 사람이 오전 근무를 마치고 점심 먹을 준비를 했답니다.

닭이 울면 일어나고 해가 지면 자고

해시계와 물시계가 만들어져 온 나라에 설치된 것은 조선 시대 세종 대왕 때였어요. 그렇다면 그전에는 어떻게 시간을 알았을까요? 그리고 궁궐이나 사대문 안에 살지 않는 사람들은 어떻게 시간을 알았을까요?

대부분 해가 뜨고 지는 것으로 시간을 짐작했어요. 새벽에 첫닭이 울면 '이제 곧 날이 밝겠구나!' 하며 잠자리에서 일어났지요. 또 해가 지면 그것으로 하루가 끝나는 것이었고요.

해가 없는 밤에는 북두칠성을 보고 시간을 짐작하기도 했어요. 북쪽 하늘에 있는 북두칠성은 북극성을 중심으로 시계 반대 방향으로 한 바퀴를 도는데, 한 시간에 15도씩 움직이거든요. 그래서 국자처럼 생긴 북두칠성의 손잡이가 어디를 향하고 있는지를 보고 지금이 밤 몇 시쯤인지 짐작했답니다.

그렇다 보니 옛날 사람들은 정확하게 몇 시 몇 분에 어디서 보자는 약속을 하기 어려웠어요. 그래서 "김 서방, 다음번에는 정월 초사흘 해 질 녘에 만나세" 하는 식으로 약속을 정했다고 해요.

불편하구나, 자동 시계를 만들어라

조선 시대 궁궐에는 시계를 전문으로 관리하는 '관상감'이라는 관청이 있었어요. 이곳에서 일하는 벼슬아치는 온종일 해시계를 보고 있다가 시간이 되면 얼른 뛰어가 시간을 알리는 북이나 종을 울렸지요. 게다가 밤에는 해가 없으니 해시계도 소용없었어요. 정말 많이 불편했겠죠?

그래서 세종 대왕은 신하들에게 편리한 자동 시계

를 만들도록 했어요. 그렇게 해서 자동으로 시간을 알려 주는 물시계가 만들어지게 되었어요. 스스로 종을 치는 물시계란 뜻에서 '자격루'라고 불렀지요. 자격루는 백제와 신라 시대에 사용했다고 전해 오는 물시계의 원리를 응용해서 만들었다고 해요.

물시계는 경복궁 경회루 앞에 설치해 놓고 사용했어요. 해시계도 훨씬 정교하게 다시 만들어 종묘 앞에 설치해 두었지요.

지나다니는 사람들이 이 해시계를 보고 시간을 알 수 있도록 한 것이에요. 백성들의 시간에 대한 의식을 높여 좀 더 편리한 생활을 하도록 하기 위함이었어요.

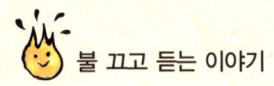 불 끄고 듣는 이야기

고달픈 관상감의 벼슬아치

별을 관찰하고 물시계와 해시계를 관리하던 관상감의 벼슬아치는 '잡과'라는 과거 시험을 통해 뽑았단다. 과거 시험은 삼 년에 한 번 치렀는데, 잡과에는 수많은 사람이 응시했는데 다섯 명 정도만 합격했어. 그만큼 관상감의 벼슬아치 되기가 하늘의 별 따기였지.

잡과 시험에 합격해 관상감에서 벼슬살이를 시작했다고 해서 편하게 지낼 수 있었던 것도 아니었어. 밤에는 잠 못 자고 달과 별의 움직임을 관찰하고, 낮에는 해와 구름과 바람과 비를 관찰하는 일을 해야 했지. 그뿐만이 아니었어. 벼슬살이하면서도 별자리 외우기, 별 위치 그리기, 달력 계산하기, 일식과 월식 알아내기, 행성의 위치 알아내기 등의 어려운 시험을 일 년에 36번이나 줄줄이 치러야 했단다.

특히 천문관 3명이 한 조가 되어서 밤을 새워 별을 관찰했지. 별의 움직임을 보고 점을 치는 점술가도 같이 있었다고 해. 그래서 별의 움직임이 이상하거나 별똥별이나 혜성과 같은 특이한 천문 현상이 일어나면 즉시 점을 쳐서 그 결과를 임금님께 알렸단다.

이렇게 힘들게 노력하는 관상감의 벼슬아치들이 있었기에 옛날에도 천문과 날씨에 대해 과학적인 지식을 얻을 수 있었던 거야. 지금으로 말하자면 관상감의 벼슬아치들은 천문대에서 일하는 천문학 박사님들이었지.

셋째 마당

자동으로 종을 울리는 물시계

백제와 신라의 항아리 물시계	32
조선 시대의 자동 물시계	33
물시계 자격루는 어떻게 움직일까?	35
[불 끄고 듣는 이야기] 십이지와 옛날의 시간	38

백제와 신라의 항아리 물시계

　　옛 기록에 나오는 백제나 신라의 물시계는 모두 같은 원리를 이용해 시간을 알았어요. 커다란 항아리에 물을 담아 놓고 작은 구멍으로 조금씩 흘려보내 시간을 측정했지요. 같은 크기의 구멍을 통해 흘러나오는 물의 양은 똑같다는 원리를 이용한 거예요.

　　예를 들어 볼게요. 오늘 아침에 해가 뜰 때부터 내일 아침에 다시 해가 뜰 때까지 열두 바가지의 물이 흘러나왔다면, 한 바가지의 물이 흘러나오는 시간은 얼마일까요? 하루는 24시간이에요. 그런데 하루에 열두 바가지의 물이 흘러나왔다면 한 바가지가 2시간을 의미하겠지요. 그리고 바가지에 물이 고이면 항아리를 지키고 있던 관리가 북을 "둥둥" 울렸어요. 그 소리를 듣고 모든 사람이 시간을 알 수 있었답니다.

조선 시대의 자동 물시계

　자동으로 종을 치는 물시계 '자격루'는 여러 가지 편리한 기계와 기술을 많이 발명했던 조선 시대의 세종 대왕 때 발명되었어요. 그때가 1434년이니까 지금으로부터 약 570년 전이네요.

　세종 대왕의 할아버지인 태조 임금 때에도 물시계는 있었어요. 하지만 그 물시계도 서운관의 관리가 옆에 꼭 붙어 있어야 했기에 많이 불편했답니다. 밤새 물시계를 보고 있어야 하는 신하가 깜박 졸거나 급하게 측간에 갔다가 시간을 잘못 확인하게 되면 그 신하는 엄한 벌을 받기도 했어요.

　세종 대왕은 이런 불편함 없이 모두가 편리하게 시간을 알 수 있도록 과학자 장영실에게 자동 시계를 만들도록 했답니다.

　조선 시대의 뛰어난 과학자인 장영실은 세종 대왕의 명을 받아 자동 물시계를 발명했어요.

　그런데 아쉽게도 그때 물시계는 지금 온전하게 남아 있지는 않아요. 서울 덕수궁과 경기도 여주에 있는 세종 대왕릉에 물시계 일부만 남아 있지요. 그 대신 오늘날의 과학자들이 옛날에 사용했던 물시계를 그대로 다시 만들어서 어떻게 움직이는지 볼 수 있도록 했어요. 서울 경복궁에 있는 고궁 박물관에 가면 새로 만든 물시계를 볼 수 있답니다.

물시계 자격루는 어떻게 움직일까?

물시계 자격루는 어떻게 시간을 알려 주었을까요? 자격루의 크기는 매우 컸어요. 지금 우리가 타고 다니는 시내버스만 한 크기였지요.

가장 높은 곳에 물을 흘려보내는 '파수호'라는 큰 항아리와 그 아래 물을 받는 '수수호'라는 작은 항아리를 놓았어요.

파수호에서 흘러나온 물이 가운데 기둥처럼 생긴 수수호로 들어가게 되어 있지요. 수수호 안에는 물에 뜨는 잣대가 설치되어 있어요.

수수호로 흘러들어온 물이 차오르면 잣대가 물 위로 떠오르면서 일정한 위치에 설치되어 있던 작은 쇠구슬이 굴러 떨어져 또 다른 구슬을 건드려 종과 징과 북을 울리도록 했어요. 오른쪽에 있는 커다란 상자가 바로 잣대에서 떨어진 쇠구슬이 들어가서 자동으로 종을 울려 주는 시보 장치랍니다.

  그런데 자격루의 종은 한 번만 울렸기 때문에 지금이 정확히 몇 시인지 알기가 어려웠어요. 그래서 만든 것이 오른쪽 상자 안에 있는 열두 개의 인형이에요. 쇠구슬이 인형 회전 장치도 같이 건드려서 상자 안에 있는 인형들이 빙글빙글 돌아가도록 한 거예요. 그런데 인형을 보고 어떻게 시간을 알았을까요? 상자 안에 있는 열두 개의 인형은 십이지(十二支)에 해

자동 물시계 자격루

당하는 동물 이름이 적힌 팻말을 들고 있었어요. 옛날에는 하루를 12시간으로 나누고 각각의 시간에 하나의 동물을 두어서 기억하기 쉽게 했어요. 그래서 '진(辰)'이라고 적힌 팻말을 든 인형이 앞으로 나오면 "오, 진시로 구나" 하고 알았던 거예요.

어때요? 옛날에 만들었다고는 보기 어려울 정도로 정교한 자동 시계죠? 그럼, 이제 해시계에 대해 알아보아요.

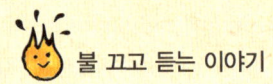 불 끄고 듣는 이야기

십이지와 옛날의 시간

지금은 하루를 24시간으로 나누고, 오전과 오후를 각각 12시간으로 나누어서 시간을 측정하지만 옛날에는 그렇지 않았단다.

옛날에는 하루를 12시간으로 나누었어. 그리고 각각의 시간에 열두 가지 동물인 십이지의 이름을 붙였지. 그것을 '십이시(十二時)'라고 해. 이렇게 상징 동물을 이용하면 쉽게 시간을 알 수 있었단다.

십이지는 시간을 알기 위해 사용하기도 했지만 날짜와 월, 연도에도 사용되었어. 예를 들면, 2011년을 상징하는 동물은 토끼야. 그러니까 2011년에 태어난 아이들은 토끼띠가 되는 거지. 그래서 자기가 태어난 해를 상징하는 동물이 자신의 띠가 되는 거란다. 십이지는 우리가 흔히 사용하는 말에도 그 의미가 담겨 있어. 우리가 낮 12시 이전을 '오전(午前)'이라 하고, 낮 12시 이후를 '오후(午後)'라고 하잖아? 그때 공통으로 들어가는 '오(午)'는 십이지에서 일곱째인 '말'을 상징해. 말은 십이시에서 일곱째

시인 '오시(午時)'를 의미하지. 그리고 오시는 지금의 낮 12시란다.

　마찬가지로 한밤중인 밤 12시를 '자정(子正)'이라고 하지? 그것도 옛날의 '자시(子時)'에서 나온 말이야. 자시는 지금의 밤 12시거든.

　그럼 십이지와 십이시에 대해 자세히 알아볼까요?

십이지와 십이시

 자시 : 밤 11시~새벽 1시

 오시 : 오전 11시~오후 1시

 축시 : 새벽 1시~새벽 3시

 미시 : 오후 1시~오후 3시

 인시 : 새벽 3시~새벽 5시

 신시 : 오후 3시~오후 5시

 묘시 : 새벽 5시~오전 7시

 유시 : 오후 5시~오후 7시

 진시 : 오전 7시~오전 9시

 술시 : 오후 7시~밤 9시

 사시 : 오전 9시~오전 11시

 해시 : 밤 9시~밤 11시

넷째 마당

솥단지 해시계 앙부일구

인류 최초의 시계는 해시계	42
평평한 해시계	44
솥단지 모양의 해시계 앙부일구	45
앙부일구는 왜 솥단지 모양일까?	46
[불 끄고 듣는 이야기] 시계를 잘못 보면 벌을 받는다고?	48

인류 최초의 시계는 해시계

인류가 맨 처음 사용한 시계는 해시계라고 알려져 있어요. 고대 문명의 탄생지인 이집트나 메소포타미아 같은 곳에서 여러 가지 형태의 해시계 유물이 발견되었지요.

평평한 땅에 막대기를 꽂아 그림자로 시간을 재는

　간단한 해시계부터, 좀 더 정교하게 사계절과 일 년 열두 달을 알 수 있도록 만든 다양한 해시계도 있었다고 해요.
　이웃 나라 중국에서도 3,000년 전에 이미 해시계를 만들어 시간을 쟀다는 기록이 있어요.
　지금까지 우리나라의 해시계 유물 중에서 가장 오래된 것은 1,400년 전 신라 시대의 해시계예요. 그 흔적이 경주에서 발견되었지요. 그 뒤 조선 시대에 와서는 더욱 정교하고 과학적인 여러 종류의 해시계가 만들어지기 시작했답니다.

평평한 해시계

막대 해시계와 평면 해시계는 모양이 가장 단순한 해시계예요. 평평한 땅이나 바닥에 반듯하게 막대기를 세우고 해가 떴을 때 막대기가 만드는 그림자의 위치와 길이로 시간을 알았어요. 땅이나 바닥에 눈금을 새긴 것을 '규'라 하고, 세워 놓은 막대기를 '표'라 하여 '규표'라고 하지요.

일 년 중 해가 하늘에 가장 높이 떠 있는 하지가 되면 막대기가 만든 그림자가 가장 짧아져요. 이때 그림자의 위치를 표시하기 시작해서 다음 해 하지 때까지 눈금을 만들어 그것으로 일 년을 측정하고 또 하루의 시간도 알 수 있었답니다.

솥단지 모양의 해시계 앙부일구

앙부일구

앙부일구는 세종 대왕 때 장영실과 학자들이 발명한 해시계예요. 세계적으로도 유명한 앙부일구는 '하늘을 바라보는 솥단지 모양의 해시계'라는 뜻이에요. 솥단지처럼 움푹한 곳에 해 그림자가 지나는 길을 표시해서 시간을 알았지요. 그 시간을 기록해 일 년 열두 달과 사계절을 한눈에 볼 수 있는 달력으로도 활용했어요.

또한 앙부일구는 들고 다닐 수 있는 휴대용으로도 만들어졌어요. 휴대전화 정도의 크기부터 아주 작고 귀여운 것까지 다양한 크기로 만들어졌지요. 19세기 끝 무렵 고종 황제도 이 휴대용 앙부일구를 들고 다녔답니다.

들고 다니니까 편하군!

앙부일구는
왜 솥단지 모양일까?

그런데 궁금하죠? 왜 조선 시대의 해시계 앙부일구를 솥단지 모양으로 오목하게 만들었을까요? 그 까닭을 한번 알아볼까요?

평평한 해시계는 만들기도 쉽고 알아보기도 편하지만 시간이 정확하지 않다는 단점이 있었어요. 태양이 하늘을 지나갈 때 직선으로 움직이지 않고 곡선으로 움직이기 때문이었지요.

다시 말해서, 태양은 동쪽 땅 밑에서 떠올라서 둥근 곡선을 그리며 우리 머리 위를 지나 서쪽 땅 아래로 사라졌어요. 그래서 그림자의 길이가 길고 짧아졌던 거예요. 그러다 보니 시간을 정확하게 알기가 어려웠지요.

그러면 어떻게 해야 그림자로 정확한 시간을 알 수 있을까요? 해가 지나가는 곡선과 같은 오목한 곳에 해시계의 침을 놓으면 오목한 부분에 그림자가 생기면서 시간을 정확히 가리키게 되겠지요? 그래서 앙부일구는 솥단지처럼 오목한 모양으로 만들어지게 된 거예요.

그리고 그림자를 만드는 침도 지구가 기울어진 각도인 23.5도와 같이 비스듬하게 놓고 북쪽을 가리키도록 했어요. 그림자를 만들 침을 지구가 기울어진 기울기와 같게 만들었으니 태양에게는 지구와 똑같은 위치가 된 것이지요. 이제는 앙부일구에 대한 궁금증이 모두 풀렸나요?

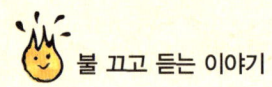 불 끄고 듣는 이야기

시계를 잘못 보면 벌을 받는다고?

　궁궐에서는 시간을 아는 일이 아주 중요했단다. 조상님들께 제시간에 제사를 지내는 것이 바로 후손으로서 지켜야 할 바른 예절이라고 믿었기 때문이지. 또 해가 가려지는 일식이나 달이 가려지는 월식이 일어나는 것을 옛날에는 나라에 안 좋은 일이 일어나는 징조라고 생각했기 때문에 그런 날을 미리 알고 있는 것도 매우 중요했어.

　하지만 앞에서 관상감의 벼슬아치들을 얘기했듯이 당시에는 시계 보는 일이 그리 쉽지 않았어. 옛 기록에도 시간을 잘못 본 벼슬아치들에 대한 이야기가 많이 남아 있을 정도란다.

　조선 시대 제3대 태종 임금 때였어. 매년 음력 5월 5일에는 단오제를 지냈단다. 그런데 김후와 박영생이라는 벼슬아치가 그만 시간을 잘못 계산했지 뭐야. 그래서 엉뚱한 시간에 제사를 지내고 말았단다. 결국 두 사람은 옥에 갇히고 말았지.

　또 제1대 태조 임금 때는 김서라는 벼슬아치가 월식이 있을 거라고 임금님께 알렸는데 실제로 월식이 일어나지 않았지 뭐야. 그래서 더 높은 벼슬아치가 임금님께 이런 상소를 올렸다고 해.

"김서라는 자가 월식이 있을 것이라고 하였으나 월식이 있지 아니하였 나이다. 김서는 천문을 보고 시계를 다루는 자임에도 하늘의 일에 어두워 백성의 마음을 어지럽게 하였으니 마땅히 벼슬을 빼앗고 법으로 다스려 야 하겠나이다."

이 상소로 김서는 벼슬을 빼앗기고 옥에 갇히는 신세가 되었단다.

이처럼 옛날에는 해시계와 물시계를 만드는 일도 어려운 일이었지만, 그 시계를 제대로 보는 일도 아주 힘든 일이었단다. 시계를 잘못 봤다고 옥살이를 했다니 말이야.

다섯째 마당

우주를 보여 주는
혼천의

해와 달과 별의 움직임 52

천문 관측 기계 혼천의 54

자동으로 시간을 알려 주는 혼천시계 56

[불 끄고 듣는 이야기] 지구가 도는 거라고? 58

해와 달과 별의 움직임

사람들은 아주 오랜 옛날부터 해와 달과 별의 움직임을 관찰해 왔어요. 오랫동안 관찰하다 보니까 해와 달과 별이 규칙적으로 움직인다는 것을 알게 되었지요. 그래서 그 움직임을 법칙으로 만들 수 있었고 해와 달과 별과 우리가 사는 지구가 지금까지 어떻게 움직여 왔고 앞으로 어떻게 움직일지를 알게 되었지요. 그 법칙에 따라 하늘을 관찰할 수 있게 만든 것이 바로 천문 관측 기계랍니다.

우리나라의 대표적인 천문 관측 기계는 '혼천의'예요. 그리고 복잡한 혼천의를 쉽게 만든 것이 '간의'이지요. 혼천의는 '둥근 공 모양의 하늘 기계'라는 뜻이에요.

중국은 서기전 2세기 무렵에 처음 혼천의를 만들었어요. 역사 학자들은 우리나라가 삼국 시대 후기에 혼천의를 처음 만들었을 것으로 생각하고 있지요. 하지만 혼천의에 대한 첫 기록이 시작되는 시기는 조선 시대 세종 대왕 때부터예요. 당시 학자였던 정인지와 이순지의 도움을 받아 과학자 장영실이 혼천의를 만들었지요. 우리나라에서 만든 혼천의는 중국에서 만든 것과는 달리 우주의 모형을 본뜬 것으로 자동으로 움직였어요. 또한 혼천의에 자동 시계 기능을 합쳐 '혼천시계'도 만들었지요. 혼천시계는 세계적으로도 찾아볼 수 없는 훌륭한 과학 유산이라서 우리가 사용하는 만 원짜리 지폐 뒷면에도 그림이 들어가 있어요. 중국에서는 우리나라 지폐에 들어간 혼천의가 자기들의 발명품이라고 주장하는 사람들도 있어요. 하지만 만 원짜리에 들어간 혼천의는 우리나라 국보 제230호인 혼천시계의 일부분인 혼천의로, 중국의 것과 그 모양과 기능이 다른 우리나라만의 독창적인 특징을 가진 작품이랍니다.

천문 관측 기계
혼천의

혼천의는 천체의 운행과 위치를 측정하는 관측기구예요. 지구가 중심이고 해와 달과 별이 움직인다고 생각하던 시기에 만들어졌지요. 그래서 지구를 중심으로 해와 달과 별의 움직임을 관측하는 원리로 되어 있어요. 그럼 혼천의를 자세히 알아볼까요?

가장 바깥쪽에 있는 세 개의 띠는 육합의로 둥근 모양의 하늘을 의미하는 것이에요. 우리 눈에는 보이지 않지만 하늘과 지구에 그려져 있는 지평선(지평환), 자오선(자오환), 적도선(적도환)을 뜻하지요. 여기서 지평선은 동쪽과 서쪽, 자오선은 남쪽과 북쪽, 적도선은 천장과 맨 아랫부분을 의미해요. 이 세 개의 띠가 교착되면서 천구의 전체적인 변화를 측정하는 역할을 하지요.

중간에 있는 삼진의는 해와 달과 별을 관측하는 것으로 황도환과 백도환으로 되어 있어요. 황도는 태양의 길, 백도는 달의 길을 의미하지요.

혼천의 가장 안쪽에 있는 사유의는 동서남북 사방을 볼 수 있는 것으로 각 고리에는 눈금을 표시하여 정확한 수치를 볼 수 있도록 하였어요.

그리고 가장 안쪽에 있는 구가 바로 지구를 의미하지요.

혼천의
혼천의는 과학적인 가치뿐만 아니라 역사적으로도 매우 큰 가치를 담고 있는 우리나라 대표적 과학 유물이에요.

자동으로 시간을 알려 주는 혼천시계

천체의 위치를 측정하고 시간과 절기를 알려 주었던 혼천의는 1669년 조선 시대의 제18대 현종 임금 때 추의 원리를 이용한 '혼천시계'로 다시 만들어졌어요. 당시 학자였던 송이영이 서양에서 들여온 추시계의 원리를 활용해 만들었지요.

혼천시계는 혼천의와 시간을 알려 주는 시계가 하나로 합쳐져 있어서 커다란 장롱처럼 생겼어요. 왼쪽에는 별과 지구의 움직임을 알려 주는 혼천의가 있고 오른쪽에 있는 커다란 상자 안에 추의 원리를 이용한 자동 시계가 들어 있었지요.

자동 시계는 두 개의 추가 위아래로 움직이며 돌아가는 원리를 이용했어요. 그리고 시계 왼쪽에 있는 혼천의가 톱니바퀴로 시계와 연결되어 있어서 하루가 지나면 둥그런 혼천의 안에 들어 있는 지구 모형이 한 바퀴 돌아가게 되어 있지요. 그래서 이 혼천시계를 보면 태양과 달과 별들이 어디쯤 있는지 한눈에 알 수 있었답니다.

또한 사계절과 이십사절기, 별자리를 알려 주는 띠의 위치를 보고 날짜를 알 수도 있었다고 해요.

한마디로 혼천시계는 천문 달력의 역할도 한 것이지요.

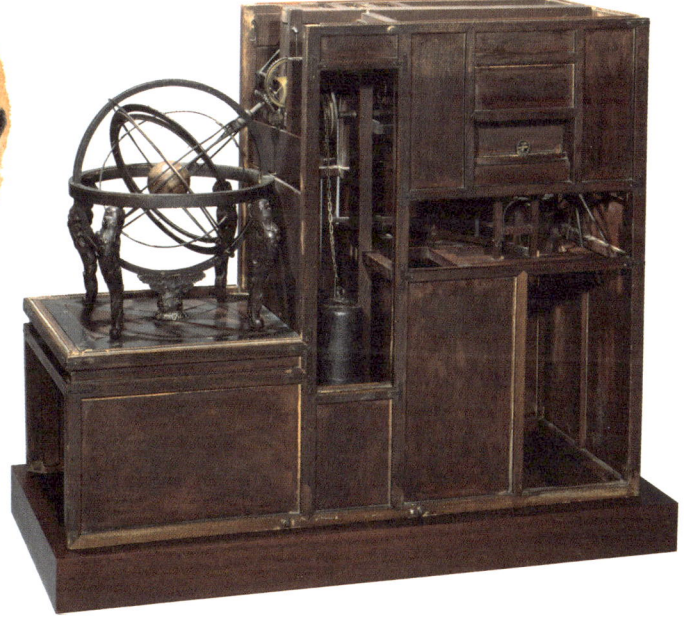

혼천시계
국보 제230호로 지정되었으며, 현재 고려대학교 박물관에서 소장하고 있어요.

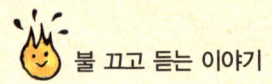 불 끄고 듣는 이야기

지구가 도는 거라고?

옛날 사람들은 태양과 달과 별이 지구 주위를 돈다고 생각했어. 지구는 절대 움직이지 않는다고 믿었지.

그런데 1633년 이탈리아의 천문학자 갈릴레오 갈릴레이가 새로운 주장을 했어. 지구가 태양 주위를 돈다고 주장한 거야. 그의 주장에 놀란 사람들은 종교 재판까지 열어 그의 죄를 심판하려고 했어. 그러자 감옥에 가기 싫었던 갈릴레이는 자신의 주장을 뒤집고 풀려났지. 하지만 그는 법정을 나오며 "그래도 지구는 돈다"라고 중얼거렸단다.

갈릴레이와 비슷한 시대에 살았던 폴란드의 천문학자 코페르니쿠스도 지구가 태양을 중심으로 돈다고 주장했어. 하지만 당시 사람들은 이런 주장을 쉽게 받아들이지 못했지.

우리나라에서도 이런 주장을 한 과학자들이 있었어. 1668년 조선 제18대 현종 임금 때 김만중이란 학자가 지은 책을 보면 우리나라에서 처음으로 '땅이 둥글다'라는 뜻의 '지구(地球)'라는 기록이 남아 있어.

또 100년쯤 뒤인 조선 제21대 영조 임금 때 홍대용이라는 학자도 "지구가 스스로 돈다"는 '지전설'을 얘기했어. 하지만 그때만 해도 중국이나 일본에서는 지구의 자전이나 공전을 받아들이지 못하고 있었어. 그래서 실학자 박지원이 1780년 중국 유람을 갔을 때 중국 사람들에게 "조선에서는 지구가 돈다고 주장하는 학자들도 있는데, 혹시 들어 보았소?" 하고 물으면 그 사람들은 어리둥절한 표정만 지을 뿐이었단다.

세종 대왕 때 이미 여러 가지 천문 관측 기계가 발명되었고, 태양과 별과 달의 움직임을 오랫동안 관찰해 왔기 때문에 우리나라의 학자들은 일찌감치 우주와 태양계의 움직임을 알아챈 거지.

여섯째 마당

농사를 잘 짓게 해 주는 이십사절기

정교한 시계가 필요했던 이유	62
이십사절기는 양력	63
동지와 하지가 생기는 원리	64
절기의 이름과 뜻	65
[불 끄고 듣는 이야기] 가장 추운 날은 동짓날일까?	68

정교한 시계가 필요했던 이유

앞에서 보았듯이, 우리 조상들은 물시계와 해시계, 천문 시계까지 여러 종류의 시계를 만들어 사용해 왔어요. 그런데 왜 그토록 정교한 시계를 만들려고 노력한 것일까요?

그 이유는 바로 계절의 변화를 미리 알고 그에 맞추어 농사를 잘 짓기 위해서였어요. 봄이 언제 시작되는지, 가뭄과 홍수가 언제 일어나는지, 서리와 첫눈은 언제 내리는지를 알아야 농사를 망치지 않고 풍년이 들도록 할 수 있으니까요. 곡물의 수확이 많을수록 굶주리는 백성이 적어지고 나라가 안정되었거든요.

그래서 옛날 사람들이 만든 시계에는 꼭 빠지지 않고 표시하는 게 있었어요. 바로 이십사절기예요. 이십사절기는 농사와 관련이 깊은 달력을 의미해요. 그럼 이십사절기에 대해 알아볼까요?

이십사절기는 양력

　옛날에 사람들은 하늘에 떠 있는 달의 모양이 바뀌는 것을 보고 시간의 변화를 계산했어요. '달력'이라는 말은 이때부터 사용되었지요.

　달은 29일마다 초승달에서 보름달, 그믐달로 모양이 변해요. 이렇게 달의 변화를 보고 날짜를 계산한 것을 '태음력'이라고 해요. 우리는 보통 '음력'이라고 하지요. 반면에 태양이 떠 있는 높이를 계산하여 만든 것은 '태양력'이에요. 우리가 지금 사용하는 것은 태양력인 '양력'이지요.

　옛날 사람들은 음력을 사용했어요. 하지만 음력의 한 달을 정확히 측정해 보면 29.53일이기 때문에 몇 년이 지나면 계절과 날짜가 맞지 않게 되었어요. 그렇게 잘못된 날짜를 계속 사용했다가는 한겨울에 씨를 뿌리는 문제가 생길 처지였지요. 그래서 양력을 기준으로 농사에 필요한 계절의 특징을 담은 계절 달력인 이십사절기를 만들게 되었답니다.

동지와 하지가 생기는 원리

이십사절기는 일 년을 이십사 기간으로 나누어 그에 알맞은 이름을 붙인 계절 달력이에요.

스물네 개의 절기 중에 밤낮의 길이가 똑같은 날이 두 번 있어요. 그때를 '춘분(春分)'과 '추분(秋分)'이라고 해요. 그리고 낮이 가장 긴 날을 '하지(夏至)', 밤이 가장 긴 날을 '동지(冬至)'라고 하지요.

이렇게 춘분과 추분, 하지와 동지 사이에 일정한 간격으로 절기를 넣은 것이 이십사절기예요.

밤낮의 길이가 다르고 사계절이 생기는 이유는 우리가 사는 지구의 자전축이 23.5도 기울어져 있기 때문이랍니다.

절기의 이름과 뜻

이제 이십사절기가 어떻게 나뉘는지 잘 알았나요? 이렇게 이십사절기는 태양의 주위를 도는 지구의 움직임을 기준으로 만들어졌어요. 그럼 이십사절기의 이름과 뜻을 자세하게 알아보도록 해요.

1. 입춘(立春) : 2월 4일 무렵, 봄이 시작되는 날. 농기구를 점검해요.
2. 우수(雨水) : 2월 18일 무렵, 봄비가 내리고 새싹이 트기 시작해요. 보리 씨를 뿌려요.
3. 경칩(驚蟄) : 3월 5일 무렵, 겨울잠 자던 개구리가 깨어나요. 콩, 들깨, 수수 씨를 뿌려요.
4. 춘분(春分) : 3월 21일 무렵, 밤낮의 길이가 같아져요. 조, 메밀, 목화를 심어요.
5. 청명(淸明) : 4월 5일 무렵, 봄 농사를 시작해요. 볍씨를 뿌려 모 만들기를 준비하지요.
6. 곡우(穀雨) : 4월 20일 무렵, 봄비가 내려 온갖 곡식들이 좋아하는 날. 율무나 참깨를 심어요.
7. 입하(立夏) : 5월 5일 무렵, 여름이 시작되는 날. 날이 더워지기 시작해요.
8. 소만(小滿) : 5월 21일 무렵. 첫 모내기를 해요.
9. 망종(芒種) : 6월 6일 무렵, 보리를 수확하고, 논에 모내기를 해요.
10. 하지(夏至) : 6월 21일 무렵, 낮이 가장 긴 날이에요.
11. 소서(小暑) : 7월 7일이나 8일 무렵, 무더위가 시작돼요. 논에 김매기를 하고, 길쌈하여 옷을 만들어 입어요.
12. 대서(大暑) : 7월 24일 무렵, 가장 더운 날이에요. 김매기를 하고, 메밀을 심어요.

13. **입추(立秋)** : 8월 8일이나 9일 무렵, 가을이 시작해요. 배추나 무를 심어요.

14. **처서(處暑)** : 8월 23일 무렵, 더위가 물러가요. 참깨를 수확해요.

15. **백로(白露)** : 9월 8일 무렵, 밤낮의 기온 차이로 이슬이 내려요. 농사일을 잠시 쉬어요.

16. **추분(秋分)** : 9월 23일 무렵, 밤과 낮의 길이가 같아요. 가을보리를 심고, 벼 베기를 해요.

17. **한로(寒露)** : 10월 8일 무렵, 이슬이 내려요. 겨울 동안 소에게 먹일 꼴을 베어요.

18. **상강(霜降)** : 10월 23일 무렵, 서리가 내려요. 들깨를 수확해요.

19. **입동(立冬)** : 11월 8일 무렵, 겨울이 시작해요. 집을 수리하고 메주를 만들어요.

20. **소설(小雪)** : 11월 22일이나 23일 무렵. 얼음이 얼고 첫눈이 내리는 날을 뜻해요.

21. **대설(大雪)** : 12월 8일 무렵. 함박눈이 내리는 날을 뜻해요.

22. **동지(冬至)** : 12월 22일이나 23일 무렵, 밤이 가장 길어요. 팥죽을 먹어요.

23. **소한(小寒)** : 1월 6일이나 7일 무렵. 겨울 추위가 심해져요.

24. **대한(大寒)** : 1월 20일 무렵. 겨울 중 가장 추운 날이 와요.

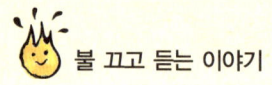 불 끄고 듣는 이야기

가장 추운 날은 동짓날일까?

동짓날은 매년 12월 22일쯤이란다. 이날은 밤의 길이가 일 년 중 가장 긴 날이지. 옛날 사람들은 밤이 되면 귀신이 나온다고 생각했어. 그래서 밤이 가장 긴 동짓날에는 붉은색의 팥죽을 쑤어 먹었지. 팥의 붉은색이 귀신을 막아 준다고 믿었거든.

밤의 길이가 가장 길다는 건 낮의 길이가 짧다는 의미겠지. 그럼 동짓날은 일 년 중 가장 추운 날일까? 사실 가장 추운 날은 동지가 지나고 한 달쯤이 지난 후란다.

왜 그럴까? 바로 지구 온도가 천천히 내려가기 때문이야. 그래서 이십사절기를 보면 동지가 지난 뒤에 '소한(小寒)'과 '대한(大寒)'이 다가온단다. 소한은 꽤 추운 날을 뜻하고, 대한은 겨울 중 가장 추운 날을 뜻하지.

마찬가지로 몹시 더운 날을 뜻하는 '대서(大暑)'는 낮의 길이가 가장 긴

'하지(夏至)'가 지나고 한 달쯤 뒤란다. 하짓날 받은 태양의 열기로 지구가 뜨겁게 데워지는 데 한 달쯤 걸리기 때문이지. 그래서 대서 무렵이 되면 사람들은 시원한 산이나 강, 바다로 여름 피서를 떠나는 거야.

수천 년 동안의 경험을 통해서 만들어진 이십사절기에는 이렇게 정밀하고 과학적인 의미가 담겨 있단다.

일곱째 마당

달력은 하늘의 과학 책

정확한 날짜를 아는 것은 너무 어려워 ········· 72

날짜가 우리와 다르니 다시 만들라 ············ 74

일곱 개의 별을 기준으로 한 《칠정산 내편》 ······ 76

요일은 언제 생겼을까? ···················· 78

[불 끄고 듣는 이야기] 《칠정산 내편》에 담긴 열두 달 ······ 80

정확한 날짜를 아는 것은 너무 어려워

오늘이 몇 년 몇 월 며칠이고 무슨 요일인지 알려면 달력을 보면 되지요? 하지만 지금 우리가 간단하게 보고 알 수 있는 것도 옛날 사람들에게는 결코 간단한 문제가 아니었어요. 매우 힘든 일이었죠.

옛날 사람들은 날짜를 알기 위해 날마다 모양이 변하는 달을 관찰해서 기록했어요. 우리가 지금 달력을 보며 쉽게 날짜와 요일을 알 수 있는 것도 옛날 사람들의 노력이 있었기 때문이랍니다. 그들의 경험과 노력이 남겨 놓은 결실이지요.

그런데 달의 주기는 정확하지 않아서 초승달이 떠서 그믐달로 지기까지 29일하고도 조금 더 걸렸어요. 그러니까 달의 주기대로 한 달과 일 년을 계산하다가는 몇 년이 지나면 한겨울이 8월이 되어 버렸죠. 이를 바로잡기 위해 태양의 움직임을 관찰해 계절에 맞추어 새롭게 만든 것을 '태음 태양력'이라고 해요. 태음 태양력은 날짜의 오차를 바로잡기 위해 몇 년에 한 번씩 '윤달'을 두어 일 년이 십삼 개월이 되도록 했어요. 지금 우리가 사용하는 '음력'이 바로 이 태음 태양력이랍니다.

지금 우리가 사용하는 달력은 서양에서 들어온 '그레고리력'으로 태양을 기준으로 하는 '태양력'이에요. 이 태양력도 날짜의 오차가 발생하기 때문에 사 년마다 윤년을 두는데, 윤년에는 2월의 마지막 날에 하루를 더 넣었어요. 2월은 대부분 28일로 끝나지만 윤년에는 29일로 끝나요. 그래서 2월 29일에 태어난 사람은 사 년마다 생일을 맞게 되었답니다.

날짜가 우리와 다르니
다시 만들라

정확한 날짜를 알기란 참 복잡한 일이지요? 이렇게 날짜를 정확하게 계산하는 법을 '역법'이라고 해요. 지금처럼 정교한 측정 기계가 없었을 때에는 역법이 훨씬 어려웠답니다.

부여는 중국 은나라의 달력을 사용했다고 해요. 백제 시대에는 중국 당나라의 역법을 가져다 사용했고, 그 역법을 일본에 전해 주기도 했지요. 고구려와 신라, 고려와 조선 시대에도 역법을 사용했답니다.

그런데 중국에서 만든 달력을 사용하다 보니 문제가 생겼어요. 일식과 월식의 날짜가 맞지 않고 별이 지나가는 시간도 맞지 않았던 거예요. 왜 그런 걸까요?

그 이유는 우리나라가 중국보다 더 동쪽에 있기 때문이에요. 우리나라는 중국보다 해가 한 시간이나 일찍 뜨는 위치에 있거든요. 말하자면 하루의 시작이 우리나라가 더 빨랐지요. 그래서 세종 대왕은 정인지와 이순지 같은 훌륭한 학자들에게 우리나라에 맞는 역법을 찾아 달력을 새로 만들도록 했답니다.

일곱 개의 별을 기준으로 한
《칠정산 내편》

우리나라에 맞는 역법을 만들기 위해서는 해와 달과 별의 움직임을 잘 관찰해서 우리나라의 위치를 알아야 해요. 그래서 옛날 우리 조상들은 혼천의와 해시계를 만들었던 거예요. 세종 대왕과 천문학자들은 우리나라의 실정에 맞게 천문 관측으로 정확한 위치를 알 수 있는 《칠정산 내편》과 《칠정산 외편》 같은 천문 수학 책도 만들었어요.

'칠정(七政)'이라는 것은 해와 달, 화성, 수성, 목성, 금성, 토성 이렇게 일곱 개의 별을 뜻해요. 우리나라의 역법은 이 일곱 개의 별의 위치를 계산해서 시간을 알아내는 방법이에요. 이렇게 우리에게 꼭 맞는 역법을 만들어 낸 뒤부터 우리는 일 년을 365일로 정해 살았답니다.

요일은 언제 생겼을까?

일주일은 7일이고 일요일은 쉬는 날이지요. 이런 규칙은 언제부터 생겼을까요? 그리고 '월화수목금토일(月火水木金土日)'이라는 요일의 이름은 어떻게 정해진 것일까요?

요일은 지금부터 6,000년 전쯤 메소포타미아에 있던 바빌로니아 사람들이 처음 사용하기 시작했어요. 달의 움직임을 기준으로 한 달을 측정하면 28일이나 29일이 되지요. 이것을 4 등분하면 7일이 되고, 이 7일의 하루하루에 해와 달 그리고 화성, 수성, 목성, 금성, 토성 이렇게 일곱 개의 별 이름을 붙인 거예요.

　아주 오래전에도 사람들이 관찰한 별은 동양이나 서양이나 같았기 때문에 영어의 요일 이름과 우리가 사용하는 요일 이름이 같아요. 예를 들어, 영어로 일요일은 'Sun-day'예요. 'Sun'의 뜻은 태양이지요. 한자의 '일(日)' 역시 태양을 의미하지요.
　우리나라에서는 조선 제16대 인조 임금 때 처음 요일을 사용했어요. 하지만 요일을 생활에 적용하지는 않았어요. 그래서 당연히 일요일에 쉬지도 않았지요. 당시 벼슬아치들은 집에 중요한 일이 있거나 나라에 특별한 일이 있는 경우가 아니면 쉬는 날이 정해져 있지 않았답니다.

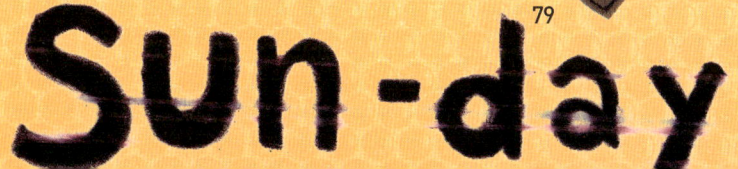

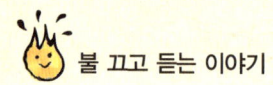 불 끄고 듣는 이야기

《칠정산 내편》에 담긴 열두 달

세종 대왕과 학자들이 만든 《칠정산 내편》이라는 역법 책에는 우리나라의 열두 달에 대한 설명이 담겨 있단다. 어떤 내용이 담겨 있는지 한번 볼까?

맹춘월(음력 1월(양력 2월)) : 동풍이 불어 언 땅이 녹고, 땅속에서 잠자던 벌레들이 움직이기 시작한다. 기러기가 북으로 날아가며, 초목이 싹을 틔운다.

중춘월(음력 2월(양력 3월)) : 복사꽃이 피기 시작하고, 꾀꼬리가 울며, 제비가 날아온다. 우레가 울고 번개가 친다.

계춘월(음력 3월(양력 4월)) : 오동나무에 꽃 피고, 무지개가 나타난다.

맹하월(음력 4월(양력 5월)) : 청개구리가 울고 지렁이가 나오며, 오이가 나고 씀바귀가 뻗어 오르며, 보리를 수확하고 모내기 준비를 한다.

중하월(음력 5월(양력 6월)) : 매미와 왜가리가 울기 시작하고, 사슴의 뿔이 떨어진다.

계하월(음력 6월(양력 7월)) : 더운 바람이 불고, 귀뚜라미가 다니며, 매가 사나

워지고, 반딧불이가 나오고, 흙이 습하고 더워지며, 비가 내린다.

맹추월(음력 7월(양력 8월)) : 서늘한 바람이 불고, 이슬이 내리며, 쓰르라미가 울고, 매가 새를 많이 잡는다. 천지가 슬슬 하얘지기 시작하고 벼가 익는다.

중추월(음력 8월(양력 9월)) : 기러기가 날아오고, 제비가 돌아가며, 새들이 먹이를 저장하고, 겨울잠 자는 벌레가 흙을 판다.

계추월(음력 9월(양력 10월)) : 국화가 노랗게 꽃 피고, 초목이 누렇게 낙엽 지고, 벌레들이 땅속으로 들어간다.

맹동월(음력 10월(양력 11월)) : 물과 땅이 얼기 시작하고, 무지개가 걷혀 나타나지 않으며 겨울이 된다.

중동월(음력 11월(양력 12월)) : 호랑이가 장가를 가고, 고라니의 뿔이 떨어지고, 샘물이 언다.

계동월(음력 12월(양력 1월)) : 기러기가 북으로 돌아가고, 까치가 깃을 치기 시작하며, 물과 연못이 두껍고 단단하게 언다.

여덟째 마당

날씨를 관측하는 기계

무릎이 쑤시니 빨래 걷어라	84
비의 양을 재는 측우기	85
강물의 높이를 재는 수표	87
바람을 관찰하는 풍기죽	89
[불 끄고 듣는 이야기] 날씨와 관련한 우리 속담들	90

무릎이 쑤시니 빨래 걷어라

옛날에는 농사지을 때 비가 올지 가뭄이 들지를 미리 아는 것이 매우 중요했어요. 비가 오지 않으면 농작물이 말라 죽고 홍수가 나면 농작물이 물에 잠기거나 떠내려가 한 해 농사를 모두 망쳐 버릴 테니까요. 그래서 우리 조상들은 날씨의 변화를 경험과 지혜로 판단해 왔어요.

'제비가 땅 가까이 날면 비가 온다'는 속담이 있어요. 비가 오기 전에 공기 중의 습도가 높아지면 날벌레들은 땅 가까이 내려와요. 그러다 보니 제비들도 먹이인 날벌레를 먹으려고 낮게 날지요. 또 할머니가 "애야, 무릎이 쑤시니 빨래 걷어라" 하고 말씀하시면 진짜 비가 오죠. 할머니는 비가 오는 걸 어떻게 아신 걸까요? 그 이유도 습도 때문이에요. 높은 습도가 관절에 변화를 주기 때문에 통증이 생기는 거지요.

그런데 이처럼 생활에서 알게 된 지혜 말고 날씨를 관찰하고 기록하는 관측 기계는 없었던 걸까요?

비의 양을 재는 측우기

'강우량'은 일정 시간 동안 일정 지역에 내린 비의 양을 말해요. 처음에는 강우량을 잴 때 비가 온 뒤 땅에 스며든 비의 양을 재었어요. 하지만 마른 땅에 비가 내릴 때와 젖은 땅에 비가 내릴 때 스며드는 양이 달라서 정확하게 측정하기 어려웠지요. 그런 불편을 해결할 수 있도록 세종 대왕은 '측우기'를 만들도록 했어요.

우리나라 측우기는 1441년에 세계에서 최초로 발명되었다고 해요. 돌 받침 위에 쇠로 만든 원통을 놓고 원통에 고인 빗물의 높이로 강우량을 측정했어요. 그런데 빗물을 받는 원통이 쇠로 되어 있어서 금방 녹슬어 버

측우기
조선 시대의 기상청인 관상감의 벼슬아치가 비가 온 뒤 원통에 고인 빗물의 양을 재어 기록했어요.

렸어요. 그래서 나중에는 원통을 구리나 대나무, 도자기 등으로 만들기도 했답니다.

이렇게 만든 측우기는 나라 곳곳에 설치해 경상도에 비가 얼마나 내리는지, 전라도에는 비가 너무 적게 내리지는 않는지를 관찰했어요. 관찰한 결과는 모두 기록해서 다음 해에 농사짓는 데 좋은 자료로 활용했답니다.

*척: 길이의 단위로 약 30.3센티미터예요.

강물의 높이를 재는 수표

　비가 내리면 빗물이 모여서 내를 이루고 강으로 흘러들어 갔어요. 농사를 많이 짓던 옛날에는 사람들이 냇물과 강 언저리에 모여 마을을 이루고 살았지요. 그러다 보니 비가 많이 내려 홍수가 나면 논과 밭은 물론이고 집과 가축까지 모두 떠내려갔어요. 그래서 냇물이나 강물이 갑자기 불어나지는 않는지 항상 신경을 써야 했지요. 이때 냇물과 강물의 높이를 측정하기 위해 만든 것이 '수표'예요.

　수표는 측우기가 발명된 이듬해인 1442년에 발명되었어요. 처음에는 사람이 많이 모여 사는 한강과 청계천에 나무로 만든 수표를 세웠어요. 나무판에 눈금을 새겨서 다리 기둥 사이에 묶어 두고 물의 높이를 측정했지요. 하지만 나무판은 물에 오래 잠겨 있으면 썩거나 빠른 물살에 떠내

여주 세종 대왕릉에 있는 수표
돌기둥에 척(尺), 치(寸), 푼(分)으로 나눈 눈금을 새겨 물의 높이를 재던 기기예요.

려가 버렸어요. 그래서 두툼한 돌 기둥에 눈금을 새겨 냇가에 세워 두게 되었지요.

이렇게 측우기와 수표를 발명한 것을 보면 옛날에도 비의 양과 강물의 높이를 측정하는 일이 나라와 백성 모두에게 아주 중요한 일이었다는 것을 알 수 있겠지요.

바람을 관찰하는 풍기죽

'동풍이 불면 봄이 온다'는 속담이 있어요. 추운 겨울이 지나고 봄이 올 때쯤이면 동쪽에서 따뜻한 바람이 불어오기 때문에 생긴 말이에요.

옛날 사람들은 자연 현상 중에서 바람도 빼놓지 않고 관찰했어요. 그런데 눈에 보이지 않는 바람을 어떻게 관찰할 수 있을까요?

평소에는 나뭇잎이 흔들리거나 마당에 널어놓은 빨래가 이리저리 날리는 것을 보고 바람이 부는 방향을 알았어요. 이런 바람의 원리를 이용해서 바람이 부는지 멈추었는지, 또 어느 방향에서 바람이 부는지를 알 수 있게 한 것이 '풍기죽'이라는 깃발이에요.

풍기죽은 돌로 만든 팔각기둥에 깃발을 매단 장대를 꽂아 놓은 것이에요. 바람이 불면 깃발이 나부껴 지금 바람이 부는지 그리고 깃발이 펄럭이는 방향을 보고 바람의 방향도 알 수 있었답니다.

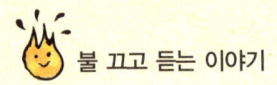 불 끄고 듣는 이야기

날씨와 관련한 우리 속담들

비와 바람을 관찰하는 여러 기구를 발명하기 이전에도 우리 조상들은 직접 경험하고 배운 것을 바탕으로 생활해 왔어. 그런 오랜 경험들은 우리 속담 속에 고스란히 남아 있단다.

오래전부터 전해 오고 있는 속담들을 들어 보면 그 안에는 과학적으로 자연을 관찰한 결과가 담겨 있지. 그중에 몇 가지를 알아볼까?

'벚꽃이 일찍 피면 풍년이 든다'는 속담이 있어. 벚꽃은 보통 4월쯤에 피는데, 일찍 피었다면 따뜻한 봄이 일찍 찾아왔다는 뜻이야. 그러니 식물들의 성장도 좋아져서 풍년이 든다고 하는 것이란다.

'아침에 안개가 끼면 낮에 덥다'는, 아침 안개는 날씨가 좋을 때 생기므로 안개가 걷히면 맑은 날씨가 되어 한낮에는 더워진단다.

'새털구름이 끼면 내일 비가 온다'는, 새털구름은 비를 머금은 저기압이 몰려올 때 맨 앞에 나타나는 구름이란다. 그러니까 새털구름이 끼면 하루쯤 있다가 비가 오게 되는 거란다.

'매미가 일찍 울면 가뭄 든다'는, 매미가 예년보다 일찍 운다는 것은 더운 기운이 일찍 우리나라에 몰려왔다는 얘기거든. 그래서 오랫동안 비가 오지 않고 햇볕이 내리쬐는 기간이 길어지니까 심한 가뭄이 올 가능성이 커진다는 얘기야.

그냥 옛날 얘기처럼 생각했던 속담 속에 이렇게 우리 생활에 유용한 과학 지식이 담겨 있다는 사실이 놀랍지 않니?

아홉째 마당

하늘을 관찰하는 천문대

하늘의 뜻을 받드는 신성한 곳 ········· 94
단군왕검이 하늘 제사를 지낸 참성단 ········· 96
신라 선덕왕이 만든 첨성대 ········· 97
개성 첨성대와 조선 시대의 관천대 ········· 99

[불 끄고 듣는 이야기] 임금님도 놀란 별 박사 할머니 ······ 100

하늘의 뜻을 받드는 신성한 곳

밤하늘의 별을 잘 관찰하려면 어떤 곳이 좋을까요? 천체 망원경이 있는 요즘의 천문대는 모두 높은 산꼭대기에 자리 잡고 있어요. 왜냐하면 도시는 한밤중에도 불빛이 너무 많아 별이 잘 보이지 않거든요. 그리고 높이 올라갈수록 먼지가 적고 공기가 맑아 또렷하게 별을 관찰할 수 있기 때문이지요.

그럼 공기도 맑고 전깃불도 없던 옛날에는 어땠을까요? 옛날 사람들도 신성한 산이나 높은 장소에 단을 쌓고 그곳에 올라가서 별을 관찰했어요. 해와 달과 별의 움직임을 관찰하는 일은 하늘의 뜻을 받드는 것이라 하여 매우 신성하게 여겼기 때문이에요. 지금도 그때 사용했던 천문 관측대가 곳곳에 남아 있답니다.

단군왕검이 하늘 제사를 지낸 참성단

강화도 마니산 꼭대기에는 먼 옛날 하늘에 제사를 지낸 곳으로 알려진 '참성단'이 있어요. 이곳은 옛 조선의 건국 신화와 관련된 곳이라고 해요.

이 땅에 처음 나라를 세운 단군왕검은 강화도 마니산에 제단을 쌓았대요. 그런데 아쉽게도 당시의 기록이 남아 있지 않아서 그때도 이 참성단에서 해와 달과 별을 관찰했는지는 알 수 없어요. 그 대신 고려와 조선 시대에 천문학자들이 참성단에서 별을 관찰했다는 기록이 남아 있지요. 또 신라 시대의 첨성대와 강화도 마니산에 있는 참성단의 생김새가 비슷해서 참성단 역시 오랜 옛날부터 하늘에 제사를 지내고 별도 관찰한 천문대 역할을 한 것이 아닐까 하고 짐작만 할 뿐이랍니다.

강화도 마니산에 있는 참성단

신라 선덕왕이 만든 첨성대

여왕이었던 선덕왕은 신라의 서울이었던 경주에 '첨성대'를 만들었어요. 첨성대는 '별을 관찰하는 곳'이라는 뜻이랍니다.

네모난 돌을 다듬어 호리병 모양으로 차곡차곡 쌓아 올린 첨성대는 높이가 9미터에 27단으로 되어 있어요. 27단은 선덕왕이 신라의 제27대 임금인 것을 의미하지요. 모두 360여 개의 벽돌로 쌓았는데, 이는 일 년 동안의 날짜를 의미하는 것으로 짐작하고 있어요. 또한 가운데 뚫려 있는 네모난 구멍을 중심으로 아래 12단, 위로 12단을 쌓은 것도 일 년의 열두 달과 열두 시간을 의미하는 것으로 보이고요.

그렇다면 이 첨성대에서 별을 관찰했을까요? 옛 기록을 보면 선덕왕 때 물시계인 누각을 만들고 이를 담당하는 누각박사를 두었다고 해요. 그런 기록으로 미루어보면 천문박사들이 이곳에서 물시계와 해시계를 이용해 해와 달과 별의 움직임을 관찰했을 것으로 추측하고 있답니다.
 그런데 사람들이 어떻게 첨성대에 들어갔을까요? 어쩌면 가운데 있는 네모난 구멍으로 드나들지 않았을까요?

개성 첨성대와 조선 시대의 관천대

북한의 개성에도 첨성대가 있어요. 고려를 건국하고 개성에 궁궐을 지으면서 같이 지었다고 해요. 원래는 큰 건물이었지만 지금은 다섯 개의 돌기둥만 남아 있답니다. 일식과 월식, 혜성과 별의 움직임에 대한 고려 시대의 관찰 기록이 많이 남아 있는 걸로 보면 당시 이곳에서 하늘을 관찰했을 것으로 추측하고 있지요.

조선 시대의 관천대는 현재 경복궁과 창경궁 두 곳에 남아 있어요. 창경궁의 관천대는 1688년에 축조된 것으로 관천대 위에 소간의를 설치하여 천체를 관측했어요. 현재 소간의는 없고 관천대만 남아 있지요. 천문학자들은 관천대에 올라가 밤에는 별의 움직임을 관찰하고 낮에는 해시계를 올려놓고 그림자의 움직임을 관찰했답니다.

창경궁 관천대
조선 시대 천문대 양식을 나타내는 대표적인 유물로, 보물 제851호로 지정되어 관리되고 있어요.

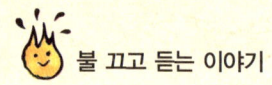 불 끄고 듣는 이야기

임금님도 놀란 별 박사 할머니

조선 제21대 영조 임금 때 있었던 이야기 하나 해 줄게.

영조 임금께서 신하들과 모여 공부하고 있을 때였어. 책을 읽으시던 임금님께서 신하들에게 뜬금없이 이런 질문을 던지셨어.

"경들은 종묘 앞에 세워 둔 돌이 무엇인지 아시오?"

신하들은 임금님의 갑작스러운 질문에 어리둥절해서 아무도 대답을 하지 못했어.

"그 돌은 일영대라고 하는 것이오. 그것도 몰랐소!"

'해 그림자를 관찰하는 곳'이라는 뜻의 일영대(日影臺)는 해시계를 설치했던 곳으로 천문 관측대란다.

영조 임금은 일영대에 전해지는 이야기를 신하들에게 해 주셨어.

"세종 대왕께서 암행 순찰을 하고 계실 때였소. 신하 몇 명과 골목길을 막 돌아 나서자 할머니 한 분이 할아버지와 밤하늘의 별을 보며 이야기를 나누고 있었다고 하오. 그래서 세종 대왕께서 가만히 옆으로 다가가 들어 보니, 할머니가 '세성(목성)이 적성(혜성이나 큰 유성)에 쫓겨 유성 아래로 들어갔어요'라고 말했다고 하오. 그 소리를 듣고 깜짝 놀란 세종 대왕께서는 할머니에게 별을 관찰하는 일을 맡겼는데, 일영대는 그 할머니를 위해 만든 곳이라오."

 이 일은 사실이라기보다는 천문 관측 일이 궁궐의 높은 벼슬아치들도 잘 모를 정도로 몹시 어려운 일이었다는 것을 알려 주는 이야기란다.

열째 마당

우리 별자리 이야기

고인돌에 새겨진 별자리	104
하늘 나라 임금님이 사는 자미궁	106
돌에 새긴 별자리, 천상열차분야지도	108
[불 끄고 듣는 이야기] 해를 지켜 주는 별 삼태성 이야기	110

고인돌에 새겨진 별자리

옛날 우리 조상들은 고인돌에도 별자리를 새겨 놓았어요.

무덤이나 제사를 지내는 제단으로 사용했던 고인돌은 커다란 두 개의 돌기둥 위에 널따란 돌판을 얹은 모양이에요. 그 평평한 돌판 위에 홈을 파서 북두칠성과 같은 별자리를 새겨 놓은 거예요.

처음 돌판에 패인 홈을 발견했을 때는 그것들이 별자리를 의미하는 것이라고 아무도 확신하지 못했어요.

천문학자들은 고인돌이 만들어졌을 당시의 별자리 위치를 계산해 돌판의 홈과 비교 분석했어요. 그리고 힘든 노력 끝에 그 홈들이 별자리를 표시해

정확하게 파.

놓은 것임을 밝혀냈지요.

　몇 천 년 전에 북두칠성과 작은곰자리, 용자리, 카시오페이아 같은 별자리를 찾아내고 기록했던 우리 조상들의 지혜가 대단하지 않나요?

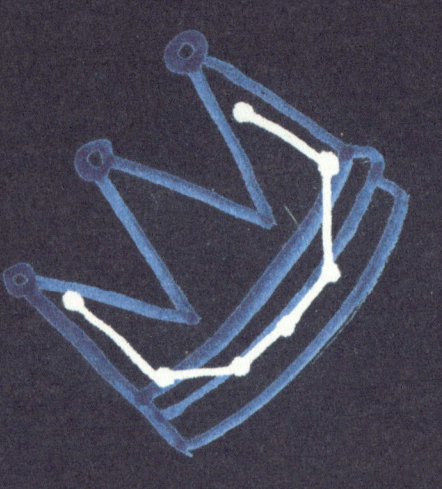

하늘 나라 임금님이 사는 자미궁

　옛날 사람들은 하늘의 별자리를 관찰하면서 여러 가지 전설과 이야깃거리를 만들었어요. 아마도 이렇게 옛날이야기로 만들어 자손들에게 알려 주면 별자리를 기억하기가 훨씬 쉬웠기 때문일 거예요. 우리나라를 비롯한 동양에는 하늘을 다섯 개로 나누어 여러 동물과 사람들을 비유해 만든 별자리가 있어요.

　하늘의 별들은 북쪽에 있는 북극성을 중심으로 빙글빙글 돌아가지요. 그 북극성이 있는 곳을 하늘 나라 임금님이 사는 곳이라 하여 '자미궁'이라고 했어요. 그리고 자미궁을 둘러싼 원을 '자미원'이라고 불렀습니다. 자미원에는 북극성 바로 옆에서 시간마다 빙글 돌아가면서 시계 역할을

했던 작은곰자리 별이 있어요. 그 바깥으로 신하들이 일을 하는 곳이 있는데, 이를 '태미원'이라고 했어요. 태미원에는 사자자리와 목동자리 별이 있답니다. 그리고 그 바깥에 백성이 사는 '천시원'이 있어요. 천시원에는 직녀 별이 있는 거문고자리와 궁수자리, 전갈자리, 왕관자리 등의 별자리가 속해 있어요. 또한 하늘을 동서남북의 네 방향으로 나누어서 방향마다 별자리를 7개씩 두었어요. 그렇게 28개의 별자리가 생겨났답니다. 밤하늘의 별자리를 보고 옛날 사람들은 이렇게 우리가 사는 세상과 닮은 하늘 세계를 만들어 냈답니다.

돌에 새긴 별자리, 천상열차분야지도

옛날에도 별자리 지도가 있었어요. 바로 '천상열차분야지도'예요.

'천상열차분야지도'에서 '천상(天象)'은 하늘의 모양을 뜻해요. '차(次)'는 '차례'라는 뜻으로, '열차(列次)'는 '12개의 별 묶음을 차례대로 늘어놓았다'라는 뜻이에요. 또 '분야(分野)'의 '분'은 하늘 꼭대기에 떠 있는 북두칠성과 북극성을 가리키는 것으로, 임금님을 의미해요. '야'는 하늘 궁궐 주위에 있는 백성을 의미하지요. 풀어서 얘기하면 "하늘 가운데 있는 하늘 궁궐과 그 주변에 늘어선 신하와 백성의 별자리 그림"이라는 뜻이에요.

'천상열차분야지도'가 처음 만들어진 건 고구려 때였어요. 하늘을 관찰하던 고구려 사람들이 크고 새까만 돌에 별자리를 새겨 놓았었지요. 하지

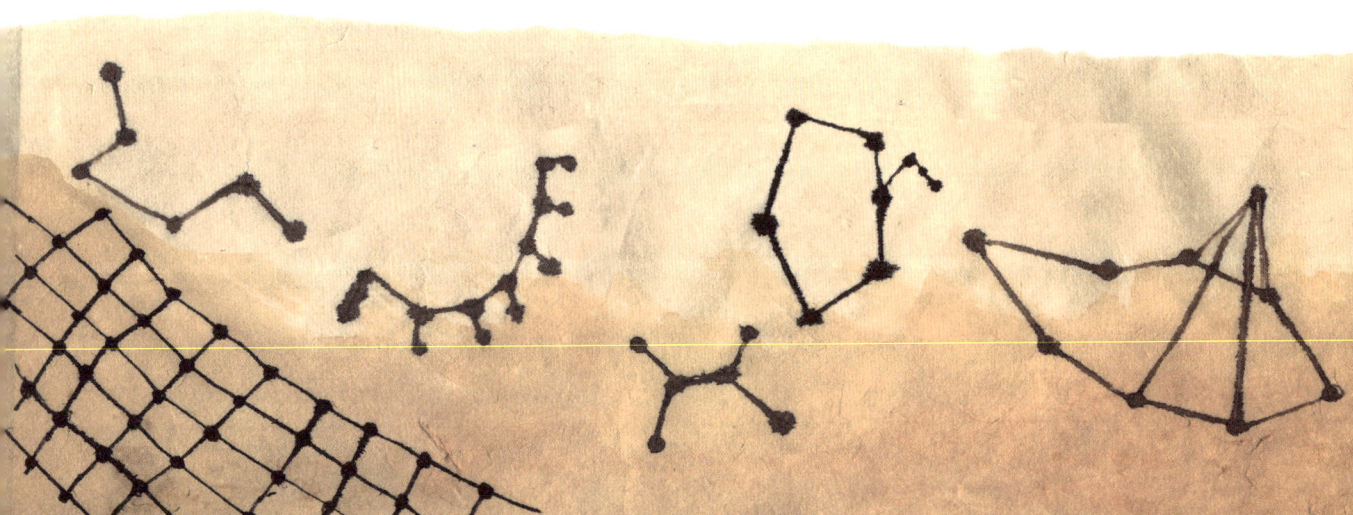

만 당시에 별자리를 새겨 놓았던 돌은 전쟁 중에 대동강 물속에 빠져 영원히 사라져 버렸어요.

그러다 조선 시대에 어느 백성이 고구려 때 종이에 먹물로 떠 놓았던 탁본을 발견한 거예요. 그 백성은 탁본을 태조 임금에게 바쳤고 이것을 바탕으로 권근이라는 신하가 돌에 새겨 새로 만들었지요.

이 '천상열차분야지도'에는 모두 1,464개의 별자리가 새겨져 있는데, 굉장히 자세하게 새겨져 있어서 고구려와 조선 시대 사람들이 봤던 하늘을 한눈에 볼 수 있는 귀중한 자료랍니다.

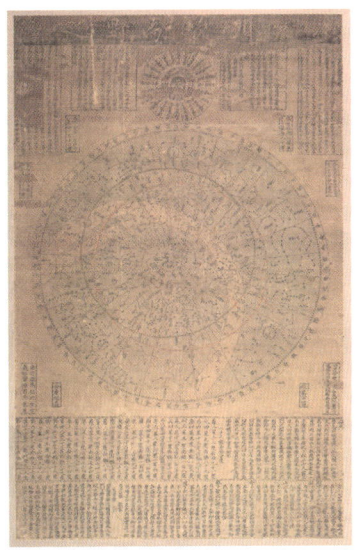

천상열차분야지도 목판본
1571년(선조 4년)에 제작된 것으로, 태조 임금 때 제작된 천상열차분야지도각석에 새겨져 있는 천문도를 목판에 새겨 종이에 찍어낸 것이에요.

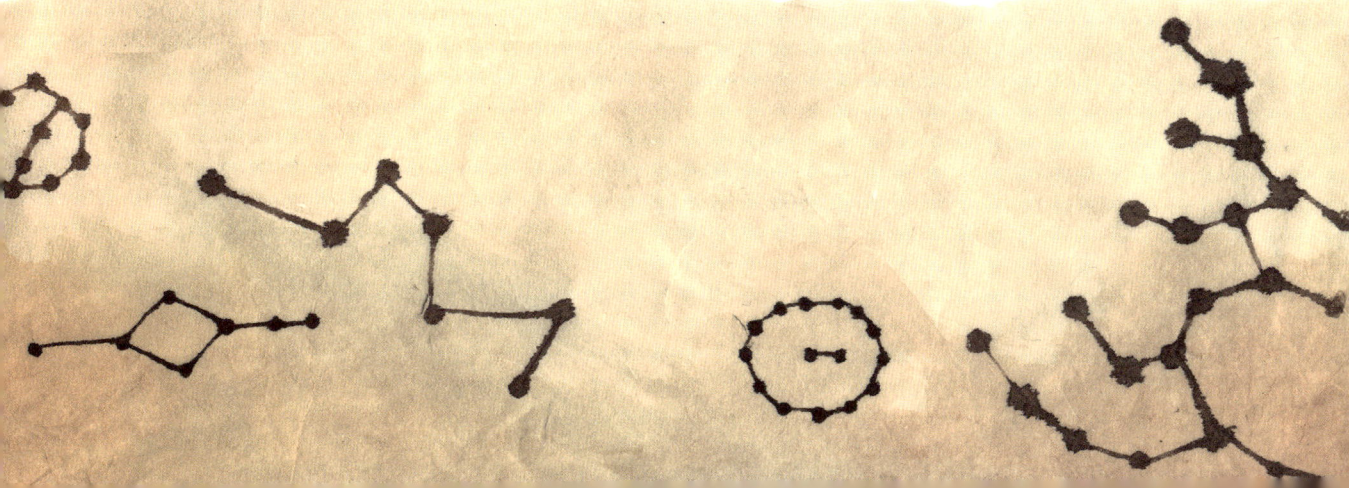

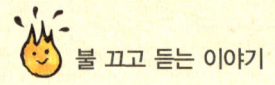 불 끄고 듣는 이야기

해를 지켜 주는 별 삼태성 이야기

밤하늘에 떠 있는 수많은 별에는 매우 많은 이야기가 담겨 있단다. 그 중에 북두칠성 옆에 있는 세 형제 별 이야기를 들려줄게.

옛날 '검은 용 연못'이라는 마을이 있었어. 그 마을에 어머니와 세 형제가 살고 있었단다. 세 아들이 훌륭하게 자라기를 바랐던 어머니는 세 형제를 세 분의 스승에게 보내 공부하고 오도록 했지.

첫째는 손바닥을 한 번 치면 구만리를 순식간에 갈 수 있는 축지법을 배워 왔고, 둘째는 한쪽 눈으로 구만리를 내다볼 수 있는 천리안을 배워 왔고, 셋째는 최고의 무예 실력을 배워 왔단다.

그런데 어느 날 심한 바람이 불고 비가 오더니 하늘에 있던 해가 사라져 버린 거야. 사흘이 지나도록 해가 나타나지 않자 어머니는 세 아들에게 해를 찾아오라고 했단다.

세 아들 중 첫째가 스승님을 찾아가 해가 없어진 이유를 알게 되었는데, 검은 용 부부가 하늘로 몰래 들어가 장난을 치다가 암컷용이 해를 꿀꺽 삼켜 버린 채로 달아났다는 거야. 세 형제는 그 검은 용 부부를 쫓아가 암컷용이 해를 토해 내도록 했단다. 그래서 인간 세상은 다시 밝은 해를 되찾았지.

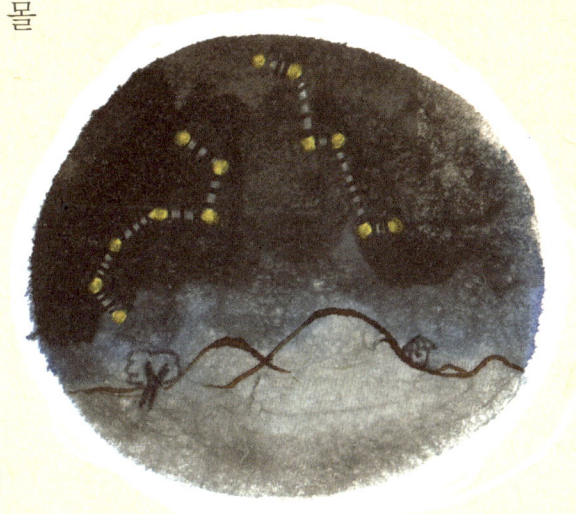

 세 형제는 검은 용 부부가 다시는 해를 삼키지 못하도록 끝까지 싸웠는데 한 마리를 놓쳐 버리고 말았어. 그때부터 세 형제는 도망간 용이 다시 해를 삼키지 못하도록 밤하늘을 지키는 별이 되었단다. 이 별이 바로 '삼태성'이란다.

 참 신기한 이야기지? 이 삼태성은 저녁에 동쪽에서 떠서 밤하늘을 빙 둘러 새벽에 서쪽으로 지는데, 아마도 이를 관찰한 옛날 사람들이 해를 지키는 장군 별로 생각한 모양이야. 삼태성은 고구려 시대의 옛 무덤에 있는 벽화에도 북두칠성과 함께 그려져 있단다.

열한째 마당

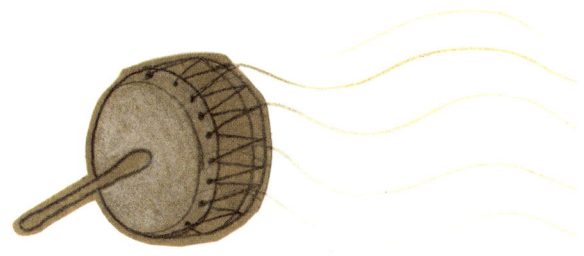

일식과 월식

연오랑과 세오녀 전설	114
해와 달을 누군가 먹어 버렸다	116
징과 북을 쳐서 해와 달을 구하라	118
일식과 월식을 모두 기록하다	120
[불 끄고 듣는 이야기] 해와 달을 삼킨 불개	122

연오랑과 세오녀 전설

《삼국유사》를 보면 '연오랑과 세오녀'에 얽힌 이야기가 있어요.

157년 아달라왕이 신라를 다스리고 있을 때였어요. 동해 바닷가 마을에 연오랑과 세오녀 부부가 살고 있었지요. 어느 날 연오랑이 바닷가에 나갔다가 바위가 떠내려가는 바람에 이웃 나라 일본까지 흘러가게 되었어요. 연오랑은 그곳의 왕이 되었지요. 반면 연오랑의 아내 세오녀는 갑자기 없어진 남편을 그리워하다가 바위를 타고 바다를 건너 일본으로 가 남편을 만나게 되었어요. 그런데 그때 마침 신라에 해와 달이 빛을 잃고 사라지는 기이한 일이 벌어진 거예요. 놀란 아달라왕은 연오랑과 세오녀가 일본으로 갔기 때문이라고 생각하고 부부에게 다시 돌아오라고 부탁했어요. 하지만 부부는 자신들이 일본에 간 것은 하늘의 뜻이라며 거절하

고 대신 세오녀가 짠 비단을 보냈어요. 그랬더니 신라의 하늘에 다시 해와 달이 돌아왔다는 이야기랍니다.

그런데 이웃 나라 중국의 기록을 보면 그해에 정말로 일식이 있었다고 해요. 일식은 달이 태양을 가려서 한낮에 해가 보이지 않는 현상이에요. 그리고 월식은 달이 지구의 그림자에 가려져 한밤중에 갑자기 달이 보이지 않는 현상이지요.

옛날 사람들은 이렇게 해와 달이 보이지 않는 일식과 월식이 일어나면 불길한 징조라고 생각했어요. 그래서 아주 오래전부터 일식과 월식을 관찰해 왔답니다.

해와 달을
누군가 먹어 버렸다

일식은 달이 태양을 가려서 일어나는 자연 현상이에요. 태양과 지구 사이에 달이 끼어들어 한낮에 해가 보이지 않게 되지요. 반대로 월식은 지구 그림자가 달을 가려서 달이 보이지 않는 것이지요.

지구는 태양 주위를 돌고, 달은 지구 주위를 도는 공전을 해서 주기적으로 일식과 월식이 일어나는 거예요.

그런데 이런 사실을 몰랐던 옛날에는 한낮에 갑자기 해가 사라지거나 한밤중에 달이 사라지면 해와 달을 누군가 훔쳐 갔다고 생각했어요. 그럴 때면 임금과 백성이 모두 모여서 하늘에 제사를 지내고 해와 달이 다시 돌아오도록 빌었답니다.

일식과 월식의 한자 뜻을 보면 옛날 사람들의 생각을 알 수 있어요.

'일식(日蝕)'의 한자를 보면, '일'은 해 곧 태양을 의미하고 '식'은 벌레가 잎을 조금씩 갉아 먹듯 '먹는다'는 뜻이에요. '월식(月蝕)'도 '달을 먹는다'는 의미이지요. 해와 달이 갑자기 사라졌으니 아주 무서웠겠죠?

징과 북을 쳐서
해와 달을 구하라

천문학이 발달했던 고구려와 백제, 신라 시대에는 일식과 월식을 자연 현상으로 이해했어요. 당시는 자연을 신처럼 섬기던 때라서 일식과 월식이 일어나면 제사를 지냈지요.

하지만 고려 시대와 조선 시대에 와서는 큰 재앙이 닥치는 것으로 여겨서 전쟁 준비를 했어요. 왜냐하면 고려나 조선 시대에는 임금이 태양과 같은 존재였거든요. 그러니 하늘에서 태양이 사라지면 임금에게 큰일이 생길지도 모른다며 백성들과 신하들이 불안해했기 때문이지요.

《고려사》를 보면 이러한 이야기가 나와요.

"일식이 일어나면 임금과 신하가 소복(하얀 옷)을 입고 징을 울리며 태양을 구해 내는 의식을 치렀다. 월식이 일어나면 북을 울렸다."

조선 시대에도 비슷한 제사를 지냈어요. 이렇게 제사를 지내고 기다리면 태양과 달이 그 모습을 드러내겠죠? 그러면 임금과 신하, 백성 모두가 편한 마음으로 다시 일상생활로 돌아갔지요.

일식과 월식을 모두 기록하다

옛날에는 일식과 월식을 관찰하고 기록하는 일을 전문으로 하는 천문관도 있었어요. 고려 시대에는 서운관의 벼슬아치가 관찰을 맡았고, 조선 시대에는 관상감의 벼슬아치가 관찰했지요.

서운관과 관상감은 지금으로 말하면 기상청과 천문대를 합쳐 놓은 것과 같아요. 날씨와 별자리, 해와 달을 관찰하는 곳이니까요.

이때의 관찰 기록을 보면 일식과 월식이 고구려 시대에는 11회, 백제 시대에는 26회, 신라 시대에는 29회가 일어났다고 해요. 또 고려 시대에는 131회, 조선 시대에는 190회가 일어났다고 기록되어 있어요.

그런데 아주 오래전에 사용했던 달력과 시계가 우리나라와는 맞지 않았기 때문에 그 기록이 정확하지 않았어요. 그렇다 보니 일식과 월식을 미리 아는 일이 힘들었답니다.

　그래서 세종 대왕은 그런 오차가 없도록 보다 정확한 계산을 할 수 있는 여러 가지 천문 관측기구를 발명하도록 했던 거예요. 그리고 관상감에서 일식과 월식, 혜성이 나타나는 날을 하나도 빠짐없이 모두 기록하도록 했어요. 조선 시대에 일식과 월식이 많이 관찰된 것은 여러 가지 훌륭한 관측기구가 많이 발명되었기 때문이지요.
　이렇게 많은 천문 현상을 자세히 기록한 것은 세계적으로도 드문 일이라고 해요.

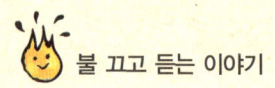 불 끄고 듣는 이야기

해와 달을 삼킨 불개

옛날에 해도 없고 달도 없어서 온종일 캄캄한 까막 나라가 있었단다. 그래서 임금님과 백성들이 늘 어두컴컴한 곳에서 살아야 했지.

그런데 이웃 나라에는 해와 달이 있었어. 그곳은 낮에는 해가 뜨고 밤에는 달이 떴단다. 이웃 나라의 해와 달이 부러웠던 까막 나라 임금님은 어느 날 불개를 불러서 명령했어.

"이웃 나라에 가서 냉큼 해를 가져오너라."

불개는 곧장 해를 가지러 이웃 나라로 달려갔단다. 그리고 다짜고짜 해를 덥석 입에 물었지. 순간 불개는 깜짝 놀라 해를 도로 뱉고 말았어.

앗, 뜨거워!

해가 너무 뜨거웠거든. 하지만 임금님의 명령을 어길 수 없었던 불개는 다시 해를 물었다가 너무 뜨거워서 또 뱉고 말았지.

그때 불개는 이런 생각을 했단다.

'해는 너무 뜨거워서 안 되겠다. 달이라도 갖고 가자.'

불개는 달이 있는 곳으로 달려가 달을 덥석 물었단다. 그런데 이게 웬걸. 이번에는 달이 너무 차가운 거야. 불개는 또 깜짝 놀라 달을 뱉고 말았어. 하지만 이대로 해도 달도 가져가지 못하면 큰 벌을 받을지도 몰랐지. 불개는 다시 해가 있는 곳으로 달려갔어. 그리고 해를 물었지만 역시 뜨거워서 도로 뱉고, 또다시 달이 있는 곳으로 달려가 달을 물었지만 너무 차가워서 뱉고 말았지.

이렇게 해와 달을 왔다 갔다 하며 불개가 해를 물고 달을 물고 할 때마다 하늘에서는 일식과 월식이 일어났단다.

옛날 사람들은 하늘에서 일어나는 일식과 월식을 보고도 이렇게 재미있는 이야기를 생각해서 후손들에게 들려주었단다.

열두째 마당

상상 속의 하늘 세계

하늘이시여 하늘이시여	126
고구려의 삼족오는 태양새	128
달에게 바치는 초사흘 떡	130
아기를 점지해 주는 삼신할머니 별	132
[불 끄고 듣는 이야기] 해를 쏜 예와 두꺼비가 된 항아	134

하늘이시여 하늘이시여

하늘은 옛날 사람들에게 상상의 날개를 펴던 곳이었어요. 또 밝음과 따뜻함으로 생명과 음식을 주는 곳이었지요. 때로는 두렵고 신비한 곳이기도 했고요.

그럼 마지막으로 옛날 사람들의 상상과 생활 속에 있었던 하늘과 태양과 달과 별의 세계를 알아볼까요?

밤과 낮이 있고, 봄 여름 가을 겨울이 있고, 바람이 불고, 비와 눈이 내리는 모든 자연의 현상을 옛날 사람들은 '하늘이 부리는 신통한 능력'이라고 생각했어요. 그래서 하늘을 우러러보고 받들어 제사를 지냈지요.

5,000년 전 단군왕검도 이 땅에 나라를 세우고 강화도 마니산 참성단에서 하늘에 제사를 지냈다고 해요.

부여에서는 매년 음력 12월에 '영고'라는 제사를 지냈어요. 그때는 왕과 신하와 백성이 모두 모여 며칠 동안 음식을 나누어 먹고 노래하며 새

로운 한해를 맞게 된 것을 하늘에 감사했지요.

고구려는 음력 10월에 '동맹'이라는 이름으로 하늘과 산천에 제사를 지냈어요. 백제도 하늘 신과 땅 신에게 제사를 지냈지요.

수천 년에 걸쳐 대대로 이어져 내려온 하늘 제사는 조선 시대의 마지막 임금인 고종 황제 때에도 계속되었어요. 그러다가 일본이 우리나라를 침략해서 강제 병합을 하면서 하늘 제사가 없어지게 되었지요.

요즘은 10월 3일이 되면 '개천절' 행사를 하지요. 개천절이란 서기전 2457년 음력 10월 3일에 하늘 신인 환인의 뜻을 받은 그의 아들 환웅이 태백산 신단수에 내려와 도읍을 정한 날이에요. 널리 사람들을 이롭게 하는 일을 펼친 날이라고 하여 하늘에 제사를 드렸어요.

고구려의 삼족오는 태양새

옛날 사람들이 태양을 숭배하는 것은 아주 오래전부터 내려온 전통이었어요.

고구려의 무덤 벽화에서는 '삼족오(三足烏)'가 종종 발견되었어요. 삼족오는 '세 발 달린 검은 새'를 뜻하는 거예요. 고조선과 고구려를 대표하던 상징으로 알려져 있지요.

삼족오는 태양을 관찰하던 옛날 사람들이 태양에서 발견한 흑점의 모양이 새와 비슷하여 상상해 낸 동물이라고 해요. 그래서 삼족오를 태양새라고도 하지요. 고구려 사람들은 태양새 삼족오를 숭배하며 스스로를 태양의 민족, 태양의 자손으로 생각했어요.

신라를 건국한 '박혁거세'의 이름에도 태양이 들어가 있어요. 성씨인 '박'은 '밝다'라는 의미이고, '혁거세' 역시 '세상을 밝게 다스린다'는 뜻을 담고 있어서 태양을 상징한다고 할 수 있지요.

고려와 조선 시대에는 임금을 태양과 같은 존재로 여겼어요. 그래서 태양의 색깔인 노랗고 붉은색으로 임금의 옷과 장식을 만들었지요. 또한, 일식처럼 태양이 가려지는 현상이 일어나거나, 태양이 지나는 길에 혜성이 불쑥 끼어들거나 하면 임금에게 불길한 일이 일어나지 않도록 호위 군사들이 무장하고 신하들이 모여 제사를 지냈어요.

옛날 사람들의 뛰어난 과학 기술을 보여 준 해시계와 혼천의 같은 발명품들 역시 바로 이런 태양 숭배와 관찰의 전통에서 나온 것이 아닐까요?

달에게 바치는 초사흘 떡

"푸른 하늘 은하수 하얀 돛배에 계수나무 한 나무 토끼 한 마리."

동요 〈반달〉의 한 구절이에요. 노랫말에서 "하얀 돛배"는 바로 하늘에 떠 있는 달을 의미하는 거예요.

옛날 사람들은 달에 계수나무와 토끼가 있다고 상상했답니다. 보름달을 자세히 보면 계수나무와 토끼처럼 생긴 그림자가 보이기 때문에 그런 이야기가 만들어졌지요.

달과 관련된 옛 풍습 중에는 '초사흘 떡'을 해서 먹는 행사가 있었어요. 음력으로 매월 첫 3일에 떡을 해서 달에게 바치고 사람들의 안녕과 복을 빌었지요. 음력 3일은 바로 초승달이 뜨는 날이에요. 초승달이 뜨면 새로운 한 달이 시작되므로 몸과 마음을 정갈하게 하는 의미에서 흰 떡을 해 먹었답니다.

　음력 1월의 첫 번째 보름달이 뜨는 날은 '정월 보름날'이에요. 이때는 새로 시작된 한 해 동안 서로의 건강과 풍년을 기원하는 여러 가지 놀이를 하고 다양한 음식을 만들어 나누어 먹었지요.

　그리고 추수를 마친 음력 8월 보름날에는 보름달에 기도를 올리고 달 모양의 송편을 빚어 먹으며 풍성한 곡식을 준 하늘과 달과 자연에 감사드렸어요. 이날이 바로 '추석'이에요.

　이처럼 옛날 사람들에게 달은 우리 몸과 마음의 건강과 풍요, 그리고 새로운 시작과 생명의 탄생을 의미하는 중요한 존재였답니다.

아기를 점지해 주는 삼신할머니 별

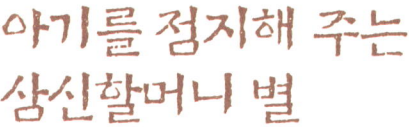

옛날 사람들은 아기를 점지해 주는 신령이 있다고 믿었어요. 바로 '삼신할머니'라는 신령이에요.

옛날에 아기를 원하는 사람들은 새벽에 맑은 우물물을 떠 놓고 삼신할머니에게 100일 동안 정성스러운 기도를 올렸어요.

하늘에 떠 있는 수많은 별 중에는 삼신할머니 별도 있답니다.

반면에 사람이 수명을 다해 죽음을 맞이하면 일곱 개의 구멍

이 뚫린 관에 넣어 묻었지요. 그것을 북두칠성의 일곱 개 별을 따서 '칠성판'이라고 하지요. 그리고 산속 절에는 '칠성각'이라는 곳이 있는데, 부모가 자식의 건강과 행복을 빌기 위해 기도를 하는 곳이에요.

그러고 보니 사람의 탄생과 죽음이 모두 별과 관련이 있네요. 이처럼 밤하늘의 별들은 오랜 옛날부터 사람의 탄생과 운명, 죽음에 두루 관련이 있는 소중한 존재였답니다.

맑은 날 밤에 부모님과 친구들과 함께 하늘의 별을 올려다보며 옛날 사람들의 생각과 지혜를 떠올려 보면 어떨까요?

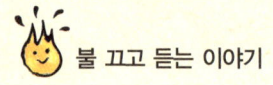 불 끄고 듣는 이야기

해를 쏜 예와 두꺼비가 된 항아

중국에서 전해 오는 전설을 하나 이야기해 줄까?

아주 오랜 옛날에는 하늘에 해가 열 개나 있었다고 해.

열 개의 해는 옥황상제의 아들들이었는데, 매일 순서대로 하나씩 하늘에 뜨고 졌지. 그런데 어느 날 열 개의 해가 모두 한꺼번에 하늘에 떠오른 거야. 그러자 땅 위에서는 난리가 났지. 너무 뜨거워서 샘과 강이 모두 마르고, 나무와 풀들이 까맣게 타 버렸거든. 이를 본 옥황상제는 하늘의 신 중 화살 솜씨가 가장 좋은 예에게 땅으로 내려가 해를 없애도록 했어. 예는 옥황상제의 명을 받아 아름다운 아

134 천문학 이야기

내 항아와 함께 땅으로 내려와 화살로 해를 하나씩 쏘아 떨어뜨리고 하나만 남겨 놓았단다.

다시 땅 위에는 평화가 찾아왔지만, 예는 하늘 나라로 돌아갈 수가 없었어. 옥황상제의 명령으로 해를 쏘기는 했지만, 사실 해는 하늘 나라의 왕자님들이었잖아. 그래서 예는 하늘 나라로 가지 못하고 땅 위에서 오막살이를 짓고 살아야 했단다.

어느 날 이런 예와 항아 부부를 가엾게 여긴 하늘의 여신이 도움을 주었어. 신비한 불로초를 선물로 주었는데, 둘이 나누어 먹으면 늙지 않고 천년만년 살 수 있고, 혼자 다 먹으면 신선이 되어 하늘 나라로 올라가는 약초였지. 그런데 욕심을 낸 항아가 혼자 약초를 다 먹고 하늘 나라로 가 버렸지 뭐야. 하지만 남편을 두고 혼자만 올라온 항아는 죄책감에 시달리며 하늘 나라 월궁에 숨어 살다가 결국 두꺼비가 되었다고 해. 그래서 지금도 달을 보면 두꺼비 그림자가 보인단다.

원작 이이화

1937년 대구에서 주역의 대가이신 야산(也山) 이달(李達)의 넷째 아들로 태어났습니다.
어릴 때부터 한문학자이신 아버지에게서 한문 수업을 호되게 받았습니다.
하지만 학교에 보내 주지 않아 소년시절 몰래 가출을 해서 고학을 하였습니다.
한때 문학에 열중하기도 했으나 청년이 되어 우리나라 역사 공부에 열중했습니다. 평생 우리나라 역사에 매달린 셈이지요.
우리나라가 어떻게 발전해 왔는지, 어떻게 고난을 겪었는지를 따져 보는 역사책을 쉽게 풀어 써 왔습니다.
그 결과 《한국사 이야기》 22권과 《만화 한국사》 9권 등을 펴냈습니다.
또 《찬란했던 700년 역사, 고구려》《해동성국 발해》《녹두장군 전봉준》 등 청소년의 읽을거리 책도 지었습니다.

글 박시화

전북 익산에서 태어났고 경희대학교에서 물리학을 공부했습니다.
20년 동안 출판사에서 책 만드는 편집자로 일했고 지금은 후배 편집자들을 위해
강의를 하며 틈틈이 글도 쓰고 있습니다. 지은 책으로는 우리말의 뿌리를 쉽게 설명한
《너도밤나무는 왜 너도밤나무일까》《빈대떡은 왜 빈대떡일까》 등이 있습니다.

그림 곽재연

산업디자인학과를 졸업했습니다. 2003 한국출판미술대전 특별상과 특선을 수상했고,
《한국사를 뒤흔든 20가지 전쟁》《세상에서 젤 푸릇푸릇한 식물책》《저학년 속담》《안중근》《영어동화 100편》
《아전들 골탕 먹인 나졸 최환락》《세상 가장 소중한 가치》《엉뚱한 악당들의 놀라운 지구 체험기》 등의
책에 그림을 그렸습니다. 항상 참신하고 재미있는 일러스트 개발에 힘쓰고 있습니다.

목록 선정 역사사랑

'역사사랑'은 전국역사교사모임 내의 연구모임으로, 1998년 고려대학교 역사교육과 출신
중·고등학교 현직 교사 6명에 의해 시작되어 현재 14명의 회원이 활동 중입니다.
학생들의 사고력과 창의력을 높이기 위한 다양한 수업 모델과 평가 방법을 연구하고 있으며,
연구 활동의 결과물들을 실제 수업에 적용하여 검증·보완하면서
보다 유익한 역사 시간을 만들기 위해 노력하고 있습니다.
《이이화 역사 할아버지가 들려주는 이야기》 시리즈의 목록을 선정하는 데에 도움을 주었습니다.